Überre…

Ihre Ki…

gemeinde

mit herzlichen

Grüßen von

Ihrer Pastorin

[illegible]

Grüß Gott!

Kleine Aufheiterungen
für jeden Tag

benno

Bibliografische Information der Deutschen Nationalbibliothek
Die Deutsche Nationalbibliothek verzeichnet diese Publikation in der Deutschen Nationalbibliografie;
detaillierte bibliografische Daten sind im Internet über http://dnb.n-db.de abrufbar.

Besuchen Sie uns im Internet:
www.st-benno.de

ISBN 978-3-7462-2937-9

Stammerstr. 11, 04159 Leipzig
Zusammengestellt von Volker Bauch, Leipzig
Illustrationen: Reinhard Rothmann
Umschlaggestaltung: Ulrike Vetter, Leipzig, unter Verwendung eines Fotos von © Yahia LOUKKAL/Fotolia.com
Gesamtherstellung: Kontext, Lemsel (B)

Inhalt

Lebenskunst und Lebensweisheit

Gott hilft weiter

Sei heiter –
es ist gescheiter
als alles Gegrübel. –
Gott hilft weiter.
Zur Himmelsleiter
werden die Übel.

Theodor Fontane

Vorboten

Ausnahmen sind nicht immer
Bestätigung der alten Regel.
Sie können auch Vorboten
einer neuen Regel sein.

Marie von Ebner-Eschenbach

Möglichkeiten

Du kannst einen Elefanten festhalten,
wenn er fliehen, aber nicht das kleinste
Haar auf deinem Kopf,
wenn es fallen will.

Gerhart Hauptmann

Frohsinn

Herzensfreude ist Leben für den Menschen,
Frohsinn verlängert ihm die Tage.

Jesus Sirach

Glück

Ein lang anhaltendes Glück
ist allemal verdächtig:
Das unterbrochene ist sicherer
und das Süßsaure desselben
sogar im Geschmack angenehmer.

Baltasar Gracián y Morales

Zeit

Der rastlose Arbeitsmensch von heute
hat tagsüber keine Zeit, sich Gedanken zu machen,
und abends ist er zu müde dazu.
Alles in allem hält er das für Glück.

George Bernard Shaw

Trost

Die Phantasie tröstet die Menschen
über das hinweg, was sie nicht sein können,
und der Humor über das,
was sie tatsächlich sind.

Albert Camus

Vergänglich

Während ein Feuerwerk
abgebrannt wird,
sieht niemand
nach dem gestirnten Himmel.

Marie von Ebner-Eschenbach

An die Gratulanten

Man wird älter. Es ergibt sich,
kürzlich sechzig. Diesmal siebzig.
Kurzes Zögern, und man macht sich
auf den Weg in Richtung achtzig …

Wünsche, wirklich waschkorbweise,
trafen ein aus West und Ost.
Und die Männer von der Post
hatten's schwer und seufzten leise.

Auf den Sofas, Stühlen, Bänken
liegen Berge von Geschenken.
Für mich selbst, im Bunterlei,
blieb grad' noch ein Stehplatz frei.

Herzlich grüß ich die Bekannten
samt den fremden Gratulanten.
Bin gerührt und trotzdem heiter.
Danke sehr. Und mache weiter.

Erich Kästner

Rezeptvorschlag für ein neues Jahr

Man nehme zwölf Monate,
putze sie sauber von Bitterkeit, Geiz,
Pedanterie und Angst
und zerlege jeden Monat in 30 oder 31 Teile,
sodass der Vorrat genau für ein Jahr reicht.

Jeder Tag wird einzeln angerichtet
aus einem Teil Arbeit
und zwei Teilen Frohsinn und Humor.
Man füge drei gehäufte Esslöffel
Optimismus hinzu,
einen Teelöffel Toleranz, ein Körnchen Ironie
und eine Prise Takt.
Dann wird die Masse
sehr reichlich mit Liebe übergossen.

Das fertige Gericht schmücke man
mit Sträußlein kleiner Aufmerksamkeiten
und serviere es täglich mit Heiterkeit
und einer guten, erquickenden Tasse Tee …

Catharina Elisabeth Goethe

Die zehn Regeln der Gelassenheit

1. Heute, nur heute werde ich mich bemühen, den Tag zu leben, ohne die Probleme meines Lebens auf einmal lösen zu wollen.

2. Heute, nur heute werde ich auf ein zurückhaltendes Auftreten achten: Ich werde niemanden kritisieren, ich werde nicht danach streben, die anderen zu korrigieren oder zu verbessern – nur mich selbst.

3. Heute, nur heute werde ich in der Gewissheit glücklich sein, dass ich für das Glück geschaffen bin – nicht nur für die andere, sondern auch für diese Welt.

4. Heute, nur heute werde ich mich an die Umstände anpassen, ohne zu verlangen, dass die Umstände sich meinen Wünschen anpassen.

5. Heute, nur heute werde ich zehn Minuten meiner Zeit einer guten Lektüre widmen; wie die Nahrung für das leibliche Leben notwendig ist, so ist die gute Lektüre notwendig für das Leben der Seele.

6. Heute, nur heute werde ich eine gute Tat vollbringen, und ich werde es niemandem erzählen.

7. Heute, nur heute werde ich etwas tun, wozu ich eigentlich keine Lust habe; sollte ich es als eine Zumutung empfinden, werde ich dafür sorgen, dass niemand es merkt.

8. Heute, nur heute werde ich ein genaues Tagesprogramm aufstellen. Vielleicht halte ich mich nicht genau daran, aber ich werde es aufsetzen. Und ich werde mich vor zwei Übeln hüten: vor der Hetze und vor der Unentschlossenheit.

9. Heute, nur heute werde ich fest daran glauben – selbst wenn die Umstände mir das Gegenteil zeigen sollten –, dass die gütige Vorsehung Gottes sich um mich kümmert, als gäbe es sonst niemanden auf der Welt.

10. Heute, nur heute werde ich keine Angst haben. Ganz besonders werde ich keine Angst haben, mich an allem freuen, was schön ist, und an die Güte glauben.

Papst Johannes XXIII.

Ich bin nun, wie ich bin

Vom Vater hab ich die Statur,
Des Lebens ernstes Führen,
Vom Mütterchen die Frohnatur
Und Lust zu fabulieren.
Urahnherr war der Schönsten hold,
Das spukt so hin und wieder;
Urahnfrau liebte Schmuck und Gold,
Das zuckt wohl durch die Glieder.
Sind nun die Elemente nicht
Aus dem Komplex zu trennen,
Was ist denn an dem ganzen Wicht
Original zu nennen?

Johann Wolfgang von Goethe

Das Fräulein stand am Meere

Das Fräulein stand am Meere
Und seufzte lang und bang,
Es rührte sie so sehre
Der Sonnenuntergang.

„Mein Fräulein! Sein Sie munter,
Das ist ein altes Stück;
Hier vorne geht sie unter
Und kehrt von hinten zurück.“

Heinrich Heine

Die guten Vierziger

Das Leben, meint ein holder Wahn,
Geht erst mit vierzig Jahren an.
Wir lassen uns auch leicht betören,
Von Meinungen, die wir gern hören,
Und halten, längst schon vierzigjährig,
Meist unsre Kräfte noch für bärig.
Was haben wir, gestehn wirs offen,
Von diesem Leben noch zu hoffen?
Ein Weilchen sind wir noch geschäftig
Und vorderhand noch steuerkräftig,
Doch spüren wir, wie nach und nach
Gemächlich kommt das Ungemach
Und wie Hormone und Arterien
Schön langsam gehen in die Ferien.
Man nennt uns rüstig, nennt uns wacker
Und denkt dabei: „Der alte Knacker!“

Wir stehn auf unsres Lebens Höhn,
Doch ist die Aussicht gar nicht schön,
Ganz abgesehn, dass auch zum Schluss –
Wer droben, wieder runter muss.
Wer es genau nimmt, kommt darauf:
Mit vierzig hört das Leben auf.

Eugen Roth

Liebe

Liebe – sagt man schön und richtig –
ist ein Ding, was äußerst wichtig.
Nicht nur zieht man in Betracht,
was man selber damit macht,
nein, man ist in solchen Sachen
auch gespannt, was andre machen.

Wilhelm Busch

Das Gesicht

Mit zwanzig Jahren hat jeder das Gesicht, das Gott ihm gegeben hat, mit vierzig das Gesicht, das ihm das Leben gegeben hat, und mit sechzig das Gesicht, das er verdient.

Albert Schweitzer

Kritik des Herzens

Du warst noch so ein kleines Mädchen
Von acht, neun Jahren ungefähr,
Da fragtest du mich vertraut und wichtig:
Wo kommen die kleinen Kinder her?

Als ich nach Jahren dich besuchte,
Da warst du schon über den Fall belehrt,
Du hattest die alte vertrauliche Frage
Hübsch praktisch gelöst und aufgeklärt.

Und wieder ist die Zeit vergangen.
Hohl ist der Zahn und ernst der Sinn.
Nun kommt die zweite und wichtige Frage:
Wo gehen die alten Leute hin?

Madam, ich habe mal vernommen,
Ich weiß nicht mehr so recht, von wem:
Die praktische Lösung dieser Frage
Sei eigentlich recht unbequem.

Wilhelm Busch

Eheleute

Bach, als seine Frau starb, sollte zum Begräbnis Anstalten machen. Der arme Mann war aber gewohnt, alles durch seine Frau besorgen zu lassen; dergestalt, dass, da ein alter Bedienter kam und ihm für Trauerflor, den er einkaufen wollte, Geld abforderte, er unter stillen Tränen, den Kopf auf einen Tisch gestützt, antwortete:
„Sagt's meiner Frau."

Heinrich von Kleist

Die Alten und die Jungen

„Unverständlich sind uns die Jungen“,
wird von den Alten beständig gesungen;
meinerseits möcht ich's damit halten:
„Unverständlich sind mir die Alten.“
Dieses Am-Ruder-bleiben-Wollen
in allen Stücken und allen Rollen,
dieses Sich-unentbehrlich-Vermeinen
samt ihrer „Augen stillem Weinen“,
als wäre der Welt ein Weh getan –
ach, ich kann es nicht verstahn.

Ob unsere Jungen, in ihrem Erdreisten,
wirklich was Besseres schaffen und leisten,
ob dem Parnasse sie näher gekommen
oder bloß einen Maulwurfshügel erklommen,
ob sie mit andern Neusittenverfechtern,
die Menschheit bessern oder verschlechtern,
ob sie Frieden sä'n oder Sturm entfachen,
ob sie Himmel oder Hölle machen –

Eins lässt sie stehn auf siegreichem Grunde:
Sie haben den Tag, sie haben die Stunde;
der Mohr kann gehn, neu Spiel hebt an,
sie beherrschen die Szene, sie sind dran.

Theodor Fontane

Konkurrenz

Es gibt zwei Möglichkeiten,
Karriere zu machen:
Entweder man leistet wirklich etwas
oder man behauptet,
etwas zu leisten.
Ich rate zu der ersten Methode,
denn hier ist die Konkurrenz bei
Weitem nicht so groß!

Danny Kaye

Geld verdienen

Der schweizerische Naturforscher Louis Agassiz (1807–1873), ein Gegner des Darwinismus, wurde zu einem Vortrag eingeladen, lehnte aber ab. Mit einem hohen Honorar versuchte man, ihn zu überreden. Doch Agassiz entgegnete: „Ich will meine Zeit nicht damit vergeuden, Geld zu verdienen.“

Der sinnreiche Bettler

Sonst bemessen die Bettler ihre dankbaren Wünsche nach dem Wert der Gabe, die ihnen gereicht wird. Derjenige, von welchem hier die Rede ist, sagt, das sei grundfalsch. Wer ihm viel gibt, dem wünscht er eine hundertfältige Vergeltung von Gott. Wer ihm aber wenig gibt, dem wünscht er eine tausendfältige, oder wenn es noch weniger ist, eine hunderttausendfältige Vergeltung. Denn er sagt: „Ich muss einen gleich guten Willen bei allen voraussetzen. Wer wenig reicht, wird wenig haben. Ich muss ihm also mehr wünschen. Soll ich das Meinige auch noch dazu beitragen, dass zuletzt die Reichen alles bekommen?"

Johann Peter Hebel

Fabel

Zur Zeit der Abenddämmerung saßen drei oder vier Leuchtwürmchen in einer Wiese unter den Kräutern und Blumen, und man sah, wie sie geheimnisvoll die Köpfe zusammensteckten, emsig hin und her krochen und sich eifrig besprachen, sodass man glauben musste, es sei etwas sehr Wichtiges im Werke.
Als nun die Nacht auf die Felder und Fluren herniedersank und die Sterne am Himmel erglänzten, da erklommen sie einen hohen Grashalm und sprachen zu den Sternen: „Ihr lieben Sternlein! Ihr müsst gewiss sehr müde sein von eurem allnächtlichen Wachen; drum geht einmal ohne Sorgen schlafen; wir wollen indes die Erde für euch beleuchten!"
Die Sternlein lächelten einander an und verbargen sich zum Spaße hinter kleinen Wolken; die Leuchtwürmchen aber glänzten die ganze Nacht hindurch aus allen Leibeskräften, und am Morgen meinten die guten Tierlein, sie hätten die Erde erleuchtet.

Gottfried Keller

Was mir fehlte

Wenn andre Fortunens Schiff gekapert,
mit meinen Versuchen hat's immer gehapert,
auf halbem Weg, auf der Enterbrücke,
glitt immer ich aus. War's Schicksalstücke?
War's irgendein großes Unterlassen?
Ein falsches Die-Sach-am-Schopfe-Fassen?
War's Schwachsein in den vier Elementen,
in Wissen, Ordnung, Fleiß und Talenten?
Oder war's – ach, suche nicht zu weit,
was mir fehlte, war: Sinn für Feierlichkeit.
Ich blicke zurück. Gott sei gesegnet,
wem bin ich nicht alles im Leben begegnet!
Machthabern aller Arten und Grade,
vom Hof, von der Börse, von der Parade,
„Damens" mit und ohne Schnitzer,
Portiers, Hauswirte, Hausbesitzer,
ich konnte mich allen bequem bequemen,
aber feierlich konnt ich sie nicht nehmen.

Das rächt sich schließlich bei den Leuten,
ein jeder möchte was Rechte bedeuten,
und steht mal was in Sicht oder Frage,
so sagt ein Reskript am nächsten Tage:
„Nach bestem Wissen und Gewissen,
er lässt doch den rechten Ernst vermissen,
alle Dinge sind ihm immer nur Schein,
er ist ein Fremdling, er passt nicht hinein,
und ob das Feierlichste gescheh,
er sagt von jedem nur: Fa il Re.“

Suche nicht weiter. Man bringt es nicht weit
bei fehlendem Sinn für Feierlichkeit.

Theodor Fontane

Der kluge Richter

Dass nicht alles so uneben sei, was im Morgenlande geschieht, das haben wir schon einmal gehört. Auch folgende Begebenheit soll sich daselbst zugetragen haben. Ein reicher Mann hatte eine beträchtliche Geldsumme, welche in ein Tuch eingenäht war, aus Unvorsichtigkeit verloren. Er machte daher seinen Verlust bekannt und bot, wie man zu tun pflegt, dem ehrlichen Finder eine Belohnung, und zwar von hundert Talern, an.

Da kam bald ein guter und ehrlicher Mann dahergegangen. „Dein Geld habe ich gefunden. Dies wird's wohl sein! So nimm dein Eigentum zurück!" So sprach er mit dem heiteren Blick eines ehrlichen Mannes und eines guten Gewissens, und das war schön.

Der andere machte auch ein fröhliches Gesicht, aber nur, weil er sein verloren geschätztes Geld wiederhatte. Denn wie es um seine Ehrlichkeit aussah, das wird sich bald zeigen. Er zählte das Geld und dachte unterdessen geschwinde nach, wie er den treuen Finder um seine versprochene Belohnung bringen könnte.

„Guter Freund", sprach der Reiche hierauf, „es waren eigentlich achthundert Taler in dem Tuch eingenäht. Ich finde aber nur noch siebenhundert Taler. Ihr werdet also wohl eine Naht aufgetrennt und Eure hundert Taler Belohnung schon herausgenommen haben. Da habt Ihr wohl daran getan. Ich danke Euch." Das war nicht schön. Aber wir sind noch nicht am Ende. Ehrlich währt am Längsten, und Unrecht schlägt seinen eigenen Herrn.

Der ehrliche Finder, dem es weniger um die Hundert Taler als um seine unbescholtene Rechtschaffenheit zu tun war, versicherte, dass er das Päcklein so gefunden habe, wie er es bringe, und es so bringe, wie er's gefunden habe.

Am Ende kamen sie vor den Richter. Beide bestanden auch hier noch auf ihrer Behauptung, der eine, dass achthundert Taler seien eingenäht gewesen, der andere, dass er von dem Gefundenen nichts genommen und das Päcklein nicht versehrt habe. Da war guter Rat teuer.

Aber der kluge Richter, der die Ehrlichkeit des einen und die schlechte Gesinnung des anderen im Voraus zu kennen schien, griff die Sache so an: Er ließ sich von beiden über das, was sie aussagten, eine feste und feierliche Versicherung geben und tat hierauf folgenden

Ausspruch: „Demnach, und wenn der eine von euch achthundert Taler verloren, der andere aber nur ein Päcklein mit siebenhundert Talern gefunden hat, so kann auch das Geld des Letzteren nicht das nämliche sein, auf welches der Erstere ein Recht hat. Du, ehrlicher Freund, nimmst also das Geld, welches du gefunden hast, wieder zurück und behältst es in guter Verwahrung, bis der kommt, welcher nur siebenhundert Taler verloren hat. Und dir da weiß ich keinen andern Rat, als du geduldest dich, bis derjenige sich meldet, der deine achthundert Taler findet." So sprach der Richter, und dabei blieb es.

Johann Peter Hebel

Anekdote zur Senkung der Arbeitsmoral

In einem Hafen an der westlichen Küste Europas liegt ein ärmlich gekleideter Mann in seinem Fischerboot und döst. Ein schick angezogener Tourist legt eben einen neuen Farbfilm in seinen Fotoapparat, um das idyllische Bild zu fotografieren: blauer Himmel, grüne See mit friedlichen, schneeweißen Wellenkämmen, schwarzes Boot, rote Fischermütze. Klick. Noch einmal: klick, und da aller guten Dinge drei sind und sicher sicher ist, ein drittes Mal: klick.

Das spröde, fast feindselige Geräusch weckt den dösenden Fischer, der sich schläfrig aufrichtet, schläfrig nach seiner Zigarettenschachtel angelt; aber bevor er das Gesuchte gefunden, hat ihm der eifrige Tourist schon eine Schachtel vor die Nase gehalten, ihm die Zigarette nicht gerade in den Mund gesteckt, aber in die Hand gelegt, und ein viertes Klick, das des Feuerzeuges, schließt die eilfertige Höflichkeit ab. Durch jenes kaum messbare, nie nachweisbare Zuviel an flinker Höflichkeit ist eine gereizte Verlegenheit entstanden, die der Tourist – der Landessprache mächtig – durch ein Gespräch zu überbrücken versucht.

„Sie werden heute einen guten Fang machen."
Kopfschütteln des Fischers.
„Aber man hat mir gesagt, dass das Wetter günstig ist."
Kopfnicken des Fischers.
„Sie werden also nicht ausfahren?"
Kopfschütteln des Fischers, steigende Nervosität des Touristen. Gewiss liegt ihm das Wohl des ärmlich gekleideten Menschen am Herzen, nagt an ihm die Trauer über die verpasste Gelegenheit. „Oh, Sie fühlen sich nicht wohl?"
Endlich geht der Fischer von der Zeichensprache zum wahrhaft gesprochenen Wort über. „Ich fühle mich großartig", sagt er. „Ich habe mich nie besser gefühlt." Er steht auf, reckt sich, als wollte er demonstrieren, wie athletisch er gebaut ist. „Ich fühle mich phantastisch."
Der Gesichtsausdruck des Touristen wird immer unglücklicher, er kann die Frage nicht mehr unterdrücken, die ihm sozusagen das Herz zu sprengen droht: „Aber warum fahren Sie dann nicht aus?"
Die Antwort kommt prompt und knapp. „Weil ich heute Morgen schon ausgefahren bin."
„War der Fang gut?"
„Er war so gut, dass ich nicht noch einmal auszufahren brauche, ich habe vier Hummer in meinen Körben gehabt, fast zwei Dutzend Makrelen gefangen ..."

Der Fischer, endlich erwacht, taut jetzt auf und klopft dem Touristen beruhigend auf die Schultern. Dessen besorgter Gesichtsausdruck erscheint ihm als ein Ausdruck zwar unangebrachter, doch rührender Kümmernis.

„Ich habe sogar für morgen und übermorgen genug", sagt er, um des Fremden Seele zu erleichtern. „Rauchen Sie eine von meinen?"

„Ja, danke."

Zigaretten werden in die Münder gesteckt, ein fünftes Klick, der Fremde setzt sich kopfschüttelnd auf den Bootsrand, legt die Kamera aus der Hand, denn er braucht jetzt beide Hände, um seiner Rede Nachdruck zu verleihen.

„Ich will mich ja nicht in Ihre persönlichen Angelegenheiten mischen", sagt er, „aber stellen Sie sich mal vor, Sie führen heute ein zweites, ein drittes, vielleicht sogar ein viertes Mal aus und Sie würden drei, vier, fünf, vielleicht gar zehn Dutzend Makrelen fangen – stellen Sie sich das mal vor."

Der Fischer nickt.

„Sie würden", fährt der Tourist fort, „nicht nur heute, sondern morgen, übermorgen, ja, an jedem günstigen Tag zwei-, dreimal, vielleicht viermal ausfahren – wissen Sie, was geschehen würde?"

Der Fischer schüttelt den Kopf.
„Sie würden sich spätestens in einem Jahr einen Motor kaufen können, in zwei Jahren ein zweites Boot, in drei oder vier Jahren vielleicht einen kleinen Kutter haben, mit zwei Booten und dem Kutter würden Sie natürlich viel mehr fangen – eines Tages würden Sie zwei Kutter haben, Sie würden ...", die Begeisterung verschlägt ihm für ein paar Augenblicke die Stimme. „Sie würden ein kleines Kühlhaus bauen, vielleicht eine Räucherei, später eine Marinadenfabrik, mit einem eigenen Hubschrauber rundfliegen, die Fischschwärme ausmachen und Ihren Kuttern per Funk Anweisungen geben. Sie könnten die Lachsrechte erwerben, ein Fischrestaurant eröffnen, den Hummer ohne Zwischenhändler direkt nach Paris exportieren – und dann ...", wieder verschlägt die Begeisterung dem Fremden die Sprache.
Kopfschüttelnd, im tiefsten Herzen betrübt, seiner Urlaubsfreude schon fast verlustig, blickt er auf die friedlich hereinrollende Flut, in der die ungefangenen Fische munter springen.
„Und dann", sagt er, aber wieder verschlägt ihm die Erregung die Sprache.
Der Fischer klopft ihm auf den Rücken, wie einem Kind, das sich verschluckt hat. „Was dann?", fragt er leise.

„Dann", sagt der Fremde mit stiller Begeisterung, „dann könnten Sie beruhigt hier im Hafen sitzen, in der Sonne dösen – und auf das herrliche Meer blicken."

„Aber das tu' ich ja schon jetzt", sagt der Fischer, „ich sitze beruhigt am Hafen und döse, nur Ihr Klicken hat mich dabei gestört."

Tatsächlich zog der solcherlei belehrte Tourist nachdenklich von dannen, denn früher hatte er auch einmal geglaubt, er arbeite, um eines Tages einmal nicht mehr arbeiten zu müssen, und es blieb keine Spur von Mitleid mit dem ärmlich gekleideten Fischer in ihm zurück, nur ein wenig Neid.

Heinrich Böll

Herr und Schreiber

Moses Mendelssohn (1729-1786) war jüdischer Religion und Handlungsbedienter bei einem Kaufmann, der das Pulver nicht soll erfunden haben. Dabei war er aber ein sehr frommer und weiser Mann und wurde daher von den angesehensten und gelehrtesten Männern hoch geachtet und geliebt. Und das ist recht. Denn man muss um des Bartes willen den Kopf nicht verachten, an dem er wächst.

Dieser Moses Mendelssohn gab unter anderem von der Zufriedenheit mit seinem Schicksal folgenden Beweis. Denn als eines Tages ein Freund zu ihm kam und er eben an einer schweren Rechnung schwitzte, sagte dieser: „Es ist doch schade, guter Moses, und ist unverantwortlich, dass ein so verständiger Kopf, wie Ihr seid, einem Manne ums Brot dienen muss, der Euch das Wasser nicht bieten kann. Seid ihr nicht am kleinen Finger gescheiter als er am ganzen Körper, so groß er ist?"

Einen andern hätt das im Kopf gewurmt, er hätte Feder und Tintenfass mit ein paar Flüchen hinter den Ofen geworfen und seinem Herrn aufgekündet auf der Stelle. Aber der verständige Mendelssohn ließ das Tintenfass stehen, steckte die Feder hinter das Ohr, sah seinen Freund ruhig an und sprach zu ihm also: „Das ist recht gut, wie es ist, und von der Vorsehung weise ausgedacht. Denn so kann mein Herr von meinen Diensten viel Nutzen ziehen, und ich habe zu leben. Wäre ich der Herr und er der Schreiber, ihn könnt ich nicht brauchen."

Johann Peter Hebel

Dem, der lange lebt, das Leben langt

Eine stillstehende Uhr hat doch zweimal täglich richtig angezeigt und darf nach Jahren auf eine lange Reihe von Erfolgen zurückblicken.

Marie von Ebner-Eschenbach

Nachtwächter Thomas

Nachtwächter Thomas, als er altershalber seinen Dienst aufgeben musste, erbat sich's vom Bürgermeister als eine besondere Gnade aus, dass er fortan wenigstens die Stadtuhr aufziehen dürfe. Es sei, sagte er, ein ganz eigenes Verdienst, den Leuten zu zeigen, woran sie sind. Das wurde ihm denn gestattet, und er zog auch fleißig alle Tage nach dem Kirchgang die Uhr auf und richtete sie. Es dauerte aber nicht volle vier Wochen, als Thomas den Bürgermeister bat, er möchte ihm den Dienst, den verdrießlichen, wieder abnehmen. Man könne es, sagte er, den Leuten nimmermehr recht machen. „Wenn ich auch", fuhr er fort, „die Stadtuhr genau auf Gottes Weltuhr richte, so sagen doch die einen, sie gehe zu spät, die andern, sie gehe zu früh; zu spät, z. B., sagen die faulen Schüler; zu früh die kargen Gewerbsmeister. Und so", schloss er, „mag's ihnen der Teufel recht machen, ich nicht." Hierauf versetzte der Bürgermeister: „Ich will Euch einen guten Rat geben, wie Ihr alle Teile zufriedenstellen möget. Beklagen sich die Gewerbsmeister, dass die Uhr zu früh gehe, so saget nur recht freundlich: Ich will mir alle Mühe geben und dafür sorgen, dass die Uhr ganz richtig zeigt. Und beklagen sich die Schüler, so saget desgleichen: Liebe Kinder, ich will allen Fleiß anwenden, die Uhr so zu richten, dass sie ganz genau zeigt. Lasset aber", fuhr der Bürgermeister fort, „bei alledem die Uhr ruhig ihren Gang gehen; nur gebet den Leuten gute und freundliche Worte, und alle werden zufrieden sein und Euch in Ruhe lassen."

Ludwig Aurbacher

Die Uhren

Neulich begegnete ich einem Bekannten, fragte ihn um die Zeit, er nahm die Uhr aus der rechten, sofort darauf eine zweite Uhr aus der linken Westentasche, dachte eine Weile nach und nannte mir dann die Stunde.

„Wie", rief ich aus, „Sie tragen zwei Uhren?"

„Früher hatte ich auch nur eine, wie die anderen Leute, die ging aber täglich um zehn Minuten vor, so entschloss ich mich, eine andere zu kaufen, die täglich um

zehn Minuten nachgeht. Nun bin ich in der Lage, stets genau zu berechnen, wie spät es ist."
„Wie wär's", bemerkte ich nach einigem Besinnen, „wenn Sie beide Uhren verkauften und sich mit dem Erlös eine Präzisionsuhr anschafften?" Er sah mich mit einiger Missachtung an. „Rationalist", sagte er und ließ mich stehen.

Arthur Schnitzler

Bedächtig

Ich ging zur Bahn. Der Abendzug
Kam erst um halber zehn.
Wer zeitig geht, der handelt klug.
Er kann gemütlich gehn.

Der Frühling war so warm und mild,
Ich ging wie neubelebt,
Zumal ein wertes Frauenbild
Mir vor der Seele schwebt.

Dass ich sie heut noch sehen soll,
Dass sie gewiß noch wach,
Davon ist mir das Herz so voll,
Ich steh und denke nach.

Ein Häslein, das vorüberstiebt,
Ermahnt ich: Lass dir Zeit,
Ein guter Mensch, der glücklich liebt,
Tut keinem was zuleid.

Von ferne aus dem Wiesenteich
Erklang der Frösche Chor,
Und überm Walde stieg zugleich
Der goldne Mond empor.

Da bist du ja, ich grüße dich,
Du traulicher Kumpan.
Bedächtig wandelst du wie ich
Dahin auf deiner Bahn.

Dies lenkte meinen Denkersinn
Auf den Geschäftsverlauf;
Ich überschlug mir den Gewinn.
Das hielt mich etwas auf.

Doch horch, da ist die Nachtigall,
Sie flötet wunderschön.
Ich flöte selbst mit sanftem Schall
Und bleib ein wenig stehn.

Und flötend kam ich zur Station,
Wie das bei mir Gebrauch.
O weh, was ist das für ein Ton?
Der Zug, der flötet auch.

Dort saust er hin. Ich stand versteint.
Dann sah ich nach der Uhr,
Wie jeder, der zu spät erscheint.
So will es die Natur.

Wilhelm Busch

Man wird nicht besser mit den Jahren

Man wird nicht besser mit den Jahren –
Wie sollt es auch? Man wird bequem
Und bringt, um sich die Reu zu sparen,
Die Fehler all in ein System.

Das gibt dann eine glatte Fläche,
Man gleitet unbehindert fort,
Und „allgemeine Menschenschwäche"
Wird unser Trost- und Losungswort.

Die Fragen alle sind erledigt,
Das eine geht, das andre nicht,
Nur manchmal eine stumme Predigt
Hält uns der Kinder Angesicht.

Theodor Fontane

An den Geburtstag eines alten Mannes

Geburtstag, sei mir willkommen!
Und fröhlich will ich an dir sein,
Das hab ich mir recht vorgenommen,
Und trinken Wein
Und trinken Wein und singen Lieder –
Aber, Geburtstag, komm auch, wenigstens noch
einmal wieder.

Matthias Claudius

Drei Wünsche

Ein junges Ehepaar lebte recht vergnügt und glücklich beisammen und hatte den einzigen Fehler, der in jeder menschlichen Brust daheim ist: Wenn man's gut hat, hätt' man's gerne besser. Aus diesem Fehler entstehen so viele törichte Wünsche, woran es unserm Hans und seiner Liese auch nicht fehlte. Bald wünschten sie des Schulzen Acker, bald des Löwenwirts Geld, bald des Meiers Haus und Hof und Vieh, bald einmal hunderttausend Millionen bayerische Taler kurzweg. Eines Abends aber, als sie friedlich am Ofen saßen und Nüsse aufklopften und schon ein tiefes Loch in den Stein hineingeklopft hatten, kam durch die Kammertür ein weißes Weiblein herein, nicht mehr als eine Elle lang, aber wunderschön von Gestalt und Angesicht, und die ganze Stube war voll Rosenduft. Das Licht löschte aus, aber ein Schimmer wie Morgenrot, wenn die Sonne nicht mehr fern ist, strahlte von dem Weiblein aus und überzog alle Wände. Über so etwas kann man nun doch ein wenig erschrecken, so schön es aussehen mag. Aber unser gutes Ehepaar erholte sich doch bald wieder, als das Fräulein mit wundersüßer silberreiner Stimme sprach: „Ich bin eure Freundin, die

Bergfee, Anna Fritze, die im kristallenen Schloss mitten in den Bergen wohnt, mit unsichtbarer Hand Gold in den Rheinsand streut und über siebenhundert dienstbare Geister gebietet. Drei Wünsche dürft ihr tun; drei Wünsche sollen erfüllt werden." Hans drückte den Ellenbogen an den Arm seiner Frau, als ob er sagen wollte: Das lautet nicht übel. Die Frau aber war schon im Begriff, den Mund zu öffnen und etwas von ein paar Dutzend goldgestickten Hauben, seidenen Halstüchern und dergleichen zur Sprache zu bringen, als die Bergfee sie mit aufgehobenem Zeigefinger warnte: „Acht Tage lang", sagte sie, „habt ihr Zeit. Bedenkt euch wohl und übereilt euch nicht." Das ist kein Fehler, dachte der Mann und legte seiner Frau die Hand auf den Mund. Das Bergfräulein aber verschwand. Die Lampe brannte wie vorher, und statt des Rosendufts zog wieder wie eine Wolke am Himmel der Öldampf durch die Stube.

So glücklich nun unsere guten Leute in der Hoffnung schon zum Voraus waren und keinen Stern mehr am Himmel sahen, sondern lauter Bassgeigen, so waren sie jetzt doch recht übel dran, weil sie vor lauter Wünschen nicht wussten, was sie wünschen wollten, und nicht einmal das Herz hatten, recht daran zu denken oder davon zu sprechen, aus Furcht, es möchte für gewünscht passieren, ehe sie es genug überlegt hätten. Nun sagte die Frau: „Wir haben ja noch Zeit bis am Freitag."

Des andern Abends, während die Kartoffeln zum Nachtessen in der Pfanne prasselten, standen beide, Mann und Frau, vergnügt an dem Feuer beisammen, sahen zu, wie die kleinen Feuerfünklein an der rußigen Pfanne hin und her züngelten, bald angingen, bald auslöschten, und waren, ohne ein Wort zu reden, vertieft in ihrem künftigen Glück. Als die Frau aber die gerösteten Kartoffeln aus der Pfanne auf das Plättlein anrichtete und ihr der Geruch lieblich in die Nase stieg – „Wenn wir jetzt nur ein gebratenes Würstlein dazu hätten", sagte sie in aller Unschuld und ohne an etwas anderes zu denken, und – o weh, da war der erste Wunsch getan. – Schnell, wie ein Blitz kommt und vergeht, kam es wieder wie Morgenrot und Rosenduft untereinander durch den Kamin herab, und auf den Kartoffeln lag die schönste Bratwurst. – Wie gewünscht, so geschehen. – Wer sollte sich über einen solchen Wunsch und seine Erfüllung nicht ärgern? Welcher Mann über solche Unvorsichtigkeit seiner Frau nicht unwillig werden?

„Wenn dir doch nur die Wurst an der Nase angewachsen wäre", sprach er in der ersten Überraschung, auch in aller Unschuld und ohne an etwas anderes zu denken und – wie gewünscht, so geschehen. Kaum war das letzte Wort gesprochen, da saß die Wurst auf der Nase des guten Weibes fest wie angewachsen im Mutterleib und hing zu beiden Seiten hinab wie ein Husarenschnauzbart.

Nun war die Not der armen Eheleute erst recht groß. Zwei Wünsche waren getan und vorüber, und noch waren sie um keinen Heller und um kein Weizenkorn, sondern nur um eine böse Bratwurst reicher. Noch war ein Wunsch zwar übrig. Aber was half nun aller Reichtum und alles Glück zu einem solchen Nasenzierrat der Hausfrau? Wollten sie wohl oder übel, so mussten sie die Bergfee bitten, mit unsichtbarer Hand Barbiersdienste zu leisten und Frau Liese wieder von der vermaledeiten Wurst zu befreien. Wie gebeten, so geschehen, und so war der dritte Wunsch auch vor-über, und die armen Eheleute sahen einander an, waren der nämliche Hans und die nämliche Liese nachher wie vorher, und die schöne Bergfee kam niemals wieder.

Merke: Wenn dir einmal die Bergfee also kommen sollte, so sei nicht geizig, sondern wünsche

Numero eins: Verstand, dass du wissen mögest, was du

Numero zwei: wünschen sollest, um glücklich zu werden. Und weil es leicht möglich wäre, dass du alsdann

etwas wähltest, was ein törichter Mensch nicht hoch anschlägt, so bitte noch
Numero drei: um beständige Zufriedenheit und keine Reue. Oder so: Alle Gelegenheit, glücklich zu werden, hilft dem nichts, der den Verstand nicht hat, sie zu benutzen.

Johann Peter Hebel

Unverheiratet

Der französische Außenminister Robert Schumann, eine durchaus ansehnliche Person, wurde gefragt, warum er Junggeselle geblieben sei.
Er begründete das mit einem Erlebnis in der Straßenbahn. Dort sei er versehentlich einer Frau auf den Fuß getreten. Sie schrie: „Kannst du nicht aufpassen, du Trottel." Noch bevor er sich entschuldigen konnte, sprach aber die Frau zu ihm: „Oh, verzeihen Sie, ich dachte, es wäre mein Mann gewesen." Und darum sei er ledig geblieben.

Welt-Klugheit

Bleib nicht auf ebnem Feld!
Steig nicht zu hoch hinaus!
Am schönsten sieht die Welt
von halber Höhe aus.

Friedrich Nietzsche

Humor hilft ertragen

Der Humor nimmt die Welt hin, wie sie ist,
sucht sie nicht zu bessern und zu bekehren,
sondern sie mit Weisheit zu ertragen,
da sie doch nur eine närrische Welt ist
und bleiben wird.

Charles Dickens

Gegengewicht

Der Himmel hat den Menschen
als Gegengewicht für die
vielen Mühsale des Lebens drei Dinge gegeben:
die Hoffnung, den Schlaf
und das Lachen.

Immanuel Kant

Vernünftig reden

Was würde wohl aus uns werden,
wenn jeder das bisschen Humor und Witz, das in ihm steckt, unterdrücken wollte?
Macht es nicht jenen armseligen Menschen nach, die mit traurigem und missmutigem Gesicht daherkommen, weil sie fromm sein möchten. Sie haben Angst, ihre Frömmigkeit könnte davonfliegen, falls sie vernünftig reden.

Teresa von Ávila

Nimm dich nicht so wichtig

Ein neu ernannter Bischof besuchte Johannes XXIII. Als ihn der Papst fragte, wie es ihm in seinem neuen Amt gehe, gestand der Bischof, dass er die Last seiner Verantwortung spüre und darum oft nicht schlafen könne. Johannes XXIII. erzählte ihm darauf, dass es ihm in den ersten Tagen seines Papsttums ähnlich ergangen sei, das hätte sich aber schlagartig geändert. „Denn ich träumte“, so fuhr er fort, „dass mir mein Schutzengel erschien; und er sagte zu mir: ‚Johannes, nimm dich nicht so wichtig!‘“

Schwielen an den Händen sind genauso viel wert
wie ein Doktortitel auf der Visitenkarte.

Norbert Blüm

Betrachte immer die helle Seite der Dinge!
Und wenn sie keine haben,
dann reibe die dunkle, bis sie glänzt.

Altes Sprichwort

Der kürzeste Weg
zwischen zwei Menschen
ist das Lächeln.

Henry Sakal

Der Humor ist das größte Gnadengeschenk
der göttlichen Welt an den bedrängten Menschen.

E. T. A. Hoffmann

Besser gegen den Strom schwimmen
als im Sumpf waten.

Theo Kreiten

Sorgen sind wie Babys:
Je mehr man sie hätschelt,
desto besser gedeihen sie.

Helmut Qualtinger

Humor ist die Kunst, sich ohne Spiegel
selber ins Gesicht zu lachen.

Paul Hörbiger

Gelassenheit

Es stand vor eines Hauses Tor
Ein Esel mit gespitztem Ohr,
Der käute sich ein Bündel Heu
Gedankenvoll und still entzwei. –

Nun kommen da und bleiben stehn
Der naseweisen Buben zween,
Die auch sogleich, indem sie lachen,
Verhasste Redensarten machen,

Womit man denn bezwecken wollte,
Dass sich der Esel ärgern sollte. –

Doch dieser hocherfahrne Greis
Beschrieb nur einen halben Kreis,
Verhielt sich stumm und zeigte itzt
Die Seite, wo der Wedel sitzt.

Wilhelm Busch

Geduld

Spinnen mag ich nicht besonders, trotzdem befreie ich mutig meine Frau im Schlafzimmer von ihrem Anblick. Es könnte ja sein, dass sie doch ins Bett gekrabbelt kommen …

Etwas imponiert mir allerdings an diesen Tierchen: Sie sind die einzigen, die das ewige Jagen nach der Beute nicht mitmachen. Sie spinnen ihr Netz und warten. Keine Hektik, keine Hatz. Sie haben Zeit.

Landet irgendwann eine Fliege im Netz, ist der Tag gesichert.

Wir können nicht mehr warten, bis uns etwas zufliegt.

Wir jagen zu viel.

Wir spinnen zu wenig.

Bernd-Lutz Lange

Der Weise sammelt keine Schätze.
Je mehr er anderen zukommen lässt,
desto mehr hat er selbst.

Lao-Tse

Wer immer nur um Gewinn kämpft,
erntet nichts, wofür es sich lohnt zu leben.

Antoine de Saint-Exupéry

Der Vorteil der Klugheit besteht darin,
dass man sich dumm stellen kann.
Das Gegenteil is schon schwieriger.

Kurt Tucholsky

Sobald jemand in einer Sache Meister geworden ist,
sollte er in einer neuen Sache Schüler werden.

Gerhart Hauptmann

Du kannst dein Leben nicht verlängern,
noch verbreitern, nur vertiefen.

Gorch Fock

Wer nie weiß, was er war,
wird auch nie wissen können, was er werden soll.

Johann Wilhelm Ritter

Das größte Vergnügen im Leben besteht darin,
Dinge zu tun, die man nach Meinung anderer Leute
nicht fertigbringt.

Marcel Ayni

Unser ganzes Leben sollte ein
lächelnder Dank an Gott sein.

Robert de Langeac

Wie du leben sollst

Es ist auf Erden kein besser List,
Denn wer seiner Zungen ein Meister ist.
Viel Wissen und wenig sagen
nicht antworten auf alle Fragen.
Rede wenig und mach's wahr,
was du borgst, bezahle bar.
Lass einen jeden, wie er ist,
so bleibst du auch wohl, wer du bist.

Martin Luther

Lebenskunst

Leicht zu leben ohne Leichtsinn,
heiter zu sein ohne Ausgelassenheit,
Mut zu haben ohne Übermut,
Vertrauen und freudige Ergebung zu zeigen,
ohne türkischen Fatalismus, –
das ist die Kunst des Lebens.

In vielen Stücken ordne ich mich unter,
aber in diesem Punkt bin ich Autorität.

Theodor Fontane

Im Groll

Erscheint dir etwas unerhört,
bist du tiefsten Herzens empört,
bäume nicht auf, versuch's nicht im Streit,
berühr es nicht, überlass es der Zeit.
Am ersten Tag wirst du feige dich schelten,
am zweiten lässt du dein Schweigen schon gelten,
am dritten hast du's überwunden;
alles ist wichtig nur auf Stunden.
Ärger ist Zehrer und Lebensvergifter,
Zeit ist Balsam und Friedensstifter.

Theodor Fontane

Die Unterscheidung

Herr, gib mir die Gelassenheit,
Dinge hinzunehmen,
die ich nicht ändern kann.
Gib mir den Mut,
Dinge zu ändern,
die ich ändern kann.
Und gib mir die Weisheit,
das eine vom anderen
zu unterscheiden.

Friedrich Christoph Oetinger

Von wem sonst sollten die Eltern erzogen werden,
wenn nicht von ihren Kindern?

Hellmut Walters

Leben ist das, was passiert,
während wir mit anderen Dingen beschäftigt sind.

John Lennon

Das Lehren soll so sein,
dass das Dargebotene als wertvolles Geschenk
und nicht als saure Pflicht empfunden wird.

Albert Einstein

Wer meint, er hätte schon ausgelernt,
hat in Wahrheit aufgehört, aktiv zu sein.

Otmar Alt

Ob ein Mensch klug ist, erkennt man viel besser an seinen Fragen als an seinen Anworten.

Antoine de Levis Mirepoix

Bewusstes Hören bringt mehr Wissen, und mehr Lust am Wissen gewinne ich durch Hören.

August Everding

Ohne Muße kann sich das Schöpferische im Menschen weder entwickeln noch verwirklichen.

Willibrord Verkake

Weise Lebensführung
gelingt keinem Menschen durch Zufall.
Man muss, solange man lebt, lernen,
wie man leben soll.

Seneca

Mitgift

Selbst ein Baron Rothschild wurde aufmerksam, als ihn ein einfach gekleideter Jude ein Geschäft vorschlagen wollte, bei dem er eine halbe Million verdienen könne. „Was also schlagen Sie vor?“, fragte er ihn. Der entgegnete: „Sie geben Ihrer Tochter, wie ich gehört habe, eine Million Mark als Mitgift. Ich aber nehme sie schon mit einer halben Million.“

1 x 1 der Eheleute

Ihr sollt stets 1 sein.
Ihr sollt euch nie ent2en.
Ihr sollt euch stets 3 bleiben
und euch stets gut 4en.
Ihr sollt die 5 nicht gerade sein lassen
und eure 6er zusammenhalten.
Ihr sollt eure 7 Sachen
in 8 nehmen.
Ihr sollt nicht immer 9 sagen.
Ihr sollt euch nie 10e zeigen.

Der geheilte Patient

Reiche Leute haben trotz ihrer gelben Vögel doch manchmal auch allerlei Lasten und Krankheiten auszustehen, von denen gottlob der arme Mann nichst weiß, denn es gibt Krankheiten, die nicht in der Luft stecken, sondern in den vollen Schüsseln und Gläsern und in den weichen Sesseln und seidenen Betten, wie jener reiche Amsterdamer ein Wort davon reden kann. Den ganzen Vormittag saß er im Lehnsessel und rauchte Tabak, wenn er nicht zu träge war, oder hielt Maulaffen feil zum Fenster hinaus, aß aber doch zu Mittag wie ein Scheunendrescher, und die Nachbarn sagten manchmal: „Windet es draußen, oder schnauft vielleicht der Nachbar so?“.

Den ganzen Nachmittag aß und trank er ebenfalls bald etwas Kaltes, bald etwas Warmes, ohne Hunger und ohne Appetit, aus lauter Langeweile bis zum Abend, sodass man bei ihm nicht recht sagen konnte, wo das Mittagessen aufhörte und wo das Nachtessen anfing. Nach dem Nachtessen legte er sich ins Bett und war so müd, als wenn er den ganzen Tag Steine abgeladen oder Holz gespalten hätte. Davon bekam er zuletzt einen dicken Leib, der so unbeholfen war wie ein Mehlsack. Essen und Schlaf wollte ihm nimmer schmecken, und er war lange Zeit, wie es manchmal geht, nicht recht gesund und nicht recht krank; wenn man ihn aber selber hörte, so hatte er 365 Krankheiten, nämlich alle Tage eine andere.

Alle Ärzte, die in Amsterdam sind, mussten ihm raten. Er verschluckte ganze Feuereimer voll Mixturen und ganze Schaufeln voll Pulver und Pillen, wie Enteneier so groß, und man nannte ihn zuletzt scherzweise die zweibeinige Apotheke.

Aber alle Arzneien halfen ihm nichts, denn er befolgte nicht, was ihm die Ärzte rieten, sondern sagte: „Teufel, wofür bin ich ein reicher Mann, wenn ich soll leben wie ein Hund, und der Doktor will mich nicht gesund machen für mein Geld?" Endlich hörte er von einem Arzt, der 100 Stund weit weg wohnte, der sei so geschickt, dass die Kranken gesund werden, wenn er sie nur recht anschaue, und der Tod gehe ihm aus dem Weg, wo er sich sehen lasse. Zu dem Arzt faßte der Mann Zutrauen und schrieb ihm seinen Umstand. Der Arzt merkte bald, was ihm fehle, nämlich nicht Arznei, sondern Mäßigkeit und Bewegung, und sagte: „Wart, dich will ich bald kuriert haben." Deswegen schrieb er ihm ein Brieflein folgenden Inhalts: „Guter Freund, Ihr habt einen schlimmen Umstand, doch wird Euch zu helfen sein, wenn Ihr folgen wollt. Ihr habt ein böses Tier im Bauch, einen Lindwurm mit sieben Mäulern. Mit dem Drachen will ich selber reden, und Ihr müsst zu mir kommen. Aber fürs Erste dürft Ihr nicht fahren oder auf dem Rösslein reiten, sondern auf des Schusters Rappen, sonst schüttelt Ihr den Lindwurm, und er beißt Euch die Eingeweide ab, sieben Därme auf einmal ganz entzwei. Fürs andere dürft Ihr nicht mehr essen als zweimal des Tages einen Teller voll Gemüs, mittags ein Bratwürstlein dazu und nachts ein Ei und am Morgen ein Fleischsüpplein mit Schnittlauch. Was Ihr mehr esset, davon wird nur der Lindwurm größer, also dass er Euch die Leber erdrückt, und der Schneider hat Euch nimmer viel anzumessen, aber der Schreiner. Dies ist mein Rat, und wenn Ihr mir nicht folgt, so hört Ihr im andern Frühjahr den Kuckuck nimmer schreien. Tut, was Ihr wollt!"

Als der Patient so mit sich reden hörte, ließ er sogleich am anderen Morgen die Stiefel salben und machte sich auf den Weg, wie ihm der Doktor befohlen hatte. Den ersten Tag ging es so langsam, dass wohl eine Schnecke hätte sein Vorreiter sein können, und wer ihn grüßte, dem dankte er nicht, und wo ein Würmlein auf der Erde kroch, das zertrat er. Aber schon am zweiten und dritten Morgen kam es ihm vor, als wenn die Vögel schon lange nimmer so lieblich gesungen hätten wie heut, und der Tau schien ihm so frisch und die Kornrosen so rot, und alle Leute, die ihm begegneten, sahen so freundlich aus, und er auch, und alle Morgen, wenn er aus der Herberge ausging, war's schöner, und er ging leichter und munterer dahin, und als er am 18. Tag in der Stadt ankam, wo der Arzt wohnte und den anderen Morgen aufstand, war es ihm so wohl, dass er sagte: „Ich hätte zu keiner ungeschickteren Zeit gesund werden können als jetzt, wo ich zum Doktor soll. Wenn's mir doch nur ein wenig in den Ohren brauste oder das Herzwasser lief mir."

Als er zum Doktor kam, nahm ihn der Doktor bei der Hand und sagte ihm: „Jetzt erzählt mir denn noch einmal von Grund aus, was Euch fehlt."

Da sagte er: „Herr Doktor, mir fehlt gottlob nichts, und wenn Ihr so gesund seid wie ich, so soll's mich freuen."

Der Doktor sagte: „Das hat Euch ein guter Geist geraten, dass Ihr meinen Rat befolgt habt. Der Lindwurm ist jetzt abgestanden. Aber Ihr habt noch Eier im Leib, deswegen müsst Ihr wieder zu Fuß heimgehen und daheim fleißig Holz sägen, das niemand sieht, und nicht mehr essen, als Euch der Hunger ermahnt, damit die Eier nicht ausschlüpfen, so könnt Ihr ein alter Mann werden", und lächelte dazu. Aber der reiche Fremdling sagte: „Herr Doktor, Ihr seid ein feiner Kauz, und ich versteh Euch wohl", und hat nachher dem Rat gefolgt und 87 Jahre, 4 Monate, 10 Tage gelebt, wie ein Fisch im Wasser so gesund, und hat alle Neujahr dem Arzt 20 Dublonen zum Gruß geschickt.

Johann Peter Hebel

Faulheit

Sir Winston Churchill (1874–1965) hat es weit gebracht, bis zum englischen Premierminister und für seine Memoiren 1953 zum Nobelpreis für Literatur, obwohl er in der Schulzeit nicht durch Fleiß glänzte. Der Lehrer verdonnerte ihn eines Tages zu einem Hausaufsatz mit dem Thema: „Was ist Faulheit?" In dem Heft stand anderntags unter der Überschrift nur ein Wort: „Das!"

Schlösser in Spanien

Wünschen Sie nicht zu sein,
was Sie nicht sind,
sondern wünschen Sie,
was Sie sind, sehr gut zu sein.
Was nützt es uns,
Schlösser in Spanien zu bauen,
wenn wir in Frankreich wohnen müssen!

Hl. Franz von Sales

Wenn du schnell gehen willst, dann gehe alleine.
Wenn du weit gehen willst, dann musst du
mit anderen zusammen gehen.

Afrikanisches Sprichwort

Ein Lehrer, der nicht von seinen Schülern lernt,
versagt in seinem Beruf.

Charlotte Wolff

Lebenskunst ist nicht zuletzt die Fähigkeit,
auf etwas Notwendiges zu verzichten,
um sich etwas Überflüssiges zu leisten.

Vittorio de Sica

Lesen ist für den Geist das,
was die Gymnastik für den Körper ist.

Joseph Addison

Der zum ersten Mal
anstelle eines Speeres ein Schimpfwort benutzte,
war der Begründer der Zivilisation.

Sigmund Freud

Humor ist, mit einer Träne im Auge
lächelnd dem Leben beipflichten.

Friedl Beutelrock

Erfahrung ist etwas, das man gewinnt,
wenn man die Gebrauchsanleitung erst hinterher liest.

Aldo Cammarota

Die größten Ereignisse,
das sind nicht unsere lautesten,
sondern unsere stillsten Stunden.

Friedrich Nietzsche

Buch des Lebens

Hass, als minus und vergebens,
wird vom Leben abgeschrieben.
Positiv im Buch des Lebens
steht verzeichnet nur das Lieben.
Ob ein Minus oder Plus
uns verblieben, zeigt der Schluss.

Wilhelm Busch

Wohlfühlen

Einer jungen französichen Journalistin, die dem irischen Dramatiker und Literaturnobelpreisträger George Bernard Shaw zu seinem 94. Geburtstag gratulierte und ihn nach seinem Befinden fragte, antwortete der Dichter: „Liebes Kind, in meinem Alter fühlt man sich entweder wohl oder man ist schon lange gestorben."

Nebenkosten

Der deutsche Schriftsteller und Nobelpreisträger Hermann Hesse (1877–1962), seit 1921 Schweizer Bürger, lebte extrem sparsam. Als ihn ein reicher Verehrer ein Haus in Tessin schenken wollte, bat er ihn, das Geschenk in ein lebenslanges Nutzungsrecht umzuwandeln, denn bei einem eigenen Haus fielen Steuern, Reparaturen und viele andere Kosten an.

Kürzer bleiben

Der Wuppertaler Sozialwissenschaftler Wolfgang Sachs beschäftigte sich mit der Mobilität des modernen Menschen und zog in einem seiner letzten Bücher folgendes Fazit: „Man kommt immer schneller dort an, wo man immer kürzer bleibt."

Miss nie des Berges Höhe,
ehe du den Gipfel erreicht hast.
Dort wirst du sehen, wie niedrig er ist.

Dag Hammarskjöld

Humor ist der Knopf, der verhindert,
dass einem der Kragen platzt.

Joachim Ringelnatz

Wir können nicht glücklich sein,
solange wir nicht gelernt haben,
über uns selber zu lachen.

Dorothy Dix

Wer die Gottesgabe der Begeisterung besitzt,
der wird wohl älter, aber nie alt.

Hermann Oncken

Keinen Rat einzuholen ist entweder
Mangel an Kraft oder Mangel an Größe.

R. F. von Scholtz

Computer sind schnell.
Gute Gedanken sind langsam.

Peter Bamm

Die Jugend soll ihre eigenen Wege gehen,
aber ein paar Wegweiser können nicht schaden.

Pearl S. Buck

Durch Umgang mit Kindern
gesundet die Seele.

Fjodor M. Dostojewksi

Reiselust und Urlaubsvergnügen

Nirgends strapaziert sich
der Mensch mehr
als bei der Jagd nach Erholung.

Laurence Sterne

Mach dich auf und sieh dich um,
Reise mal 'n bissel rum.
Sieh mal dies und sieh mal das,
Und pass auf, du findest was.

Wilhelm Busch

Beim Reisen kann man entdecken,
dass alle Unrecht haben mit dem,
was sie über andere Länder denken.

Aldous Huxley

Manche Menschen reisen hauptsächlich in den Urlaub, um Ansichtskarten zu kaufen, obwohl es doch vernünftiger wäre, sich diese kommen zu lassen.

Robert Musil

Früher fuhr man dorthin, wo etwas Schönes zu sehen war. Heute fährt man dorthin, wo es einen Parkplatz gibt.

Françoise Arnoul

Urlaub – das ist jene Zeit,
in der man zum Auspannen eingespannt wird.

Hans Söhncker

Toren besuchen im fremden Land die Museen,
Weise gehen in die Tavernen.

Erhart Kästner

Vergnügungs-Reisende

Sie steigen wie Tiere den Berg hinauf,
dumm und schwitzend;
man hatte ihnen zu sagen vergessen,
dass es unterwegs schöne Aussichten gebe.

Friedrich Nietzsche

Pech

Bei der französischen Autofirma Citroën fragte ein Kunde, ob sie es tatsächlich, wie in der Werbung behauptet, fertigbringe, in 11 Minuten ein Auto zu produzieren. Als ihm dies bestätigt wurde, rief er verzweifelt: „Und ausgerechnet ich muss diesen Schnellschuss kaufen!“

Die Kunst, falsch zu reisen

Wem Gott will rechte Gunst erweisen,
den schickt er in die –
„Alice! Peter! Sonja!
Legt mal die Tasche hier in das Gepäcknetz, nein, da!
Gott, ob einem die Kinder wohl mal helfen!
Fritz, iss jetzt nicht alle Brötchen auf!
Du hast eben gegessen!“
– in die weite Welt!

Wenn du reisen willst, verlange von der Gegend, in die du reist, alles: schöne Natur, den Komfort der Großstadt, kunstgeschichtliche Altertümer, billige Preise, Meer, Gebirge – also: vorn die Ostsee und hinten die Leipziger Straße. Ist das nicht vorhanden, dann schimpfe.

Wenn du reist, nimm um Gottes willen keine Rücksicht auf deine Mitreisenden – sie legen es dir als Schwäche aus. Du hast bezahlt – die andern fahren alle umsonst. Bedenke, dass es von ungeheurer Wichtigkeit ist, ob du einen Fensterplatz hast oder nicht; dass im Nichtraucher-Abteil einer raucht, muss sofort und in schärfsten Ausdrücken gerügt werden – ist der Schaffner nicht da, dann vertritt ihn einstweilen und sei Polizei, Staat und rächende Nemesis in einem. Das verschönt die Reise. Sei überhaupt unliebenswürdig – daran erkennt man den Mann.

Im Hotel bestellst du am besten ein Zimmer und fährst dann anderswohin. Bestell das Zimmer nicht ab; das hast du nicht nötig – nur nicht weich werden.

Bis du im Hotel angekommen, so schreib deinen Namen mit allen Titeln ein...Hast du keinen Titel ... Verzeihung ... ich meine: Wenn einer keinen Titel hat, dann erfinde er sich einen. Schreib nicht: „Kaufmann", schreib: „Generaldirektor". Das hebt sehr. Geh sodann unter heftigem Türenschlagen in dein Zimmer, gib um Gottes willen dem Stubenmädchen, von dem du ein paar Kleinigkeiten extra verlangst, kein Trinkgeld, das verdirbt das Volk; reinige deine staubigen Stiefel mit dem Handtuch, wirf ein Glas entzwei (sag es aber keinem, der Hotelier hat so viele Gläser!) und begib dich sodann auf die Wanderung durch die fremde Stadt.

In der fremden Stadt musst du zuerst einmal alles genauso haben wollen, wie es bei dir zu Hause ist – hat die Stadt das nicht, dann taugt sie nichts. Die Leute müssen also rechts fahren, dasselbe Telefon haben wie du, dieselbe Anordnung der Speisekarte und dieselben Retiraden. Im Übrigen sieh dir nur die Sehenswürdigkeiten an, die im Baedeker stehen. Treibe die Deinen erbarmungslos an alles heran, was im Reisehandbuch einen Stern hat – lauf blind an allem andern vorüber, und vor allem: Rüste dich richtig aus. Bei Spaziergängen durch fremde Städte trägt man am besten kurze Gebirgshosen, einen kleinen grünen Hut (mit Rasierpinsel), schwere Nagelschuhe (für Museen sehr geeignet) und einen derben Knotenstock. Anseilen nur in Städten von 500.000 Einwohnern aufwärts.

Wenn deine Frau vor Müdigkeit umfällt, ist der richtige Augenblick gekommen, auf einen Aussichtsturm oder auf das Rathaus zu steigen; wenn man schon mal in der Fremde ist, muss man alles mitnehmen, was sie einem bietet. Verschwimmen dir zum Schluss die Einzelheiten vor Augen, so kannst du voller Stolz sagen: Ich habs geschafft.

Mach dir einen Kostenvoranschlag, bevor du reist, und zwar auf den Pfennig genau, möglichst um hundert Mark zu gering – man kann das immer einsparen. Dadurch nämlich, dass man überall handelt; dergleichen macht beliebt und heitert überhaupt die Reise auf. Fahr lieber noch ein Endchen weiter, als es dein Geldbeutel gestattet, und bring den Rest dadurch ein, dass du zu Fuß gehst, wo die Wagenfahrt angenehmer ist; dass du zu wenig Trinkgelder gibst; und dass du überhaupt in jedem Fremden einen Aasgeier siehst. Vergiss dabei nie die Hauptregel jeder gesunden Reise: Ärgere dich! Sprich mit deiner Frau nur von den kleinen Sorgen des Alltags. Koch noch einmal allen Kummer auf, den du zu Hause im Büro gehabt hast; vergiss überhaupt nie, dass du einen Beruf hast.

Wenn du reisest, so sei das Erste, was du nach jeder Ankunft in einem fremden Ort zu tun hast: Ansichtskarten zu schreiben. Die Ansichtskarten brauchst du nicht zu bestellen: Der Kellner sieht schon, dass du welche haben willst. Schreib unleserlich – das lässt auf gute Laune schließen. Schreib überall Ansichtskarten: auf der Bahn, in der Tropfsteingrotte, auf den Bergesgipfeln und im schwankenden Kahn. Brich dabei den Füllbleistift ab und gieß Tinte aus dem Federhalter. Dann schimpfe.

Das Grundgesetz jeder richtigen Reise ist: Es muss was los sein – und du musst etwas „vorhaben". Sonst ist die Reise keine Reise. Jede Ausspannung von Beruf und Arbeit beruht darin, dass man sich ein genaues Programm macht, es aber nicht innehält – hast du es nicht innegehalten, gib deiner Frau die Schuld.

Verlang überall ländliche Stille; ist sie da, schimpfe, dass nichts los ist. Eine anständige Sommerfrische besteht in einer Anhäufung derselben Menschen, die du bei dir zu Hause siehst, sowie in einer Gebirgsbar, einem Oceandancing und einer Weinabteilung. Besuche dergleichen – halte dich dabei aber an deine gute, bewährte Tracht: kurze Hose, kleiner Hut (siehe oben). Sieh dich sodann im Raume um und sprich: „Na, elegant ist es hier gerade nicht!“ Haben die andern einen Smoking an, so sagst du am besten: „Fatzkerei, auf die Reise einen Smoking mitzunehmen!“ – Hast du einen an, die andern aber nicht, mach mit deiner Frau Krach. Mach überhaupt mit deiner Frau Krach.

Durcheile die fremden Städte und Dörfer – wenn dir die Zunge nicht heraushängt, hast du falsch disponiert; außerdem ist der Zug, den du noch erreichen musst, wichtiger als eine stille Abendstunde. Stille Abendstunden sind Mumpitz; dazu reist man nicht.

Auf der Reise muss alles etwas besser sein, als du es zu Hause hast. Schieb dem Kellner die nicht gut eingekühlte Flasche Wein mit einer Miene zurück, in der geschrieben steht: „Wenn mir mein Haushofmeister den Wein so aus dem Keller bringt, ist er entlassen!“ Tu immer so, als seist du aufgewachsen bei …

Mit den lächerlichen Einheimischen sprich auf alle Fälle gleich von Politik, Religion und dem Krieg. Halte mit deiner Meinung nicht hinterm Berg, sag alles frei heraus! Immer gib ihm! Sprich laut, damit man dich hört – viele fremde Völker sind ohnehin schwerhörig. Wenn du dich amüsierst, dann lach, aber so laut, dass sich die andern ärgern, die in ihrer Dummheit nicht wissen, worüber du lachst. Sprichst du fremde Sprachen nicht sehr gut, dann schrei: Man versteht dich dann besser.

Lass dir nicht imponieren.

Seid ihr mehrere Männer, so ist es gut, wenn ihr an hohen Aussichtspunkten etwas im Vierfarbendruck singt. Die Natur hat das gerne.

Handele. Schimpfe. Ärgere dich. Und mach Betrieb.

Die Kunst, richtig zu reisen

Entwirf deinen Reiseplan im Großen – und lass dich im Einzelnen von der bunten Stunde treiben.

Die größte Sehenswürdigkeit, die es gibt, ist die Welt – sieh sie dir an.

Niemand hat heute ein so vollkommenes Weltbild, dass er alles verstehen und würdigen kann: Hab den Mut zu sagen, dass du von einer Sache nichts verstehst.

Nimm die kleinen Schwierigkeiten der Reise nicht so wichtig; bleibst du einmal auf einer Zwischenstation sitzen, dann freu dich, dass du am Leben bist, sieh dir die Hühner an und die ernsthaften Ziegen, und mach einen kleinen Schwatz mit dem Mann im Zigarrenladen.

Entspanne dich. Lass das Steuer los. Trudele durch die Welt. Sie ist so schön: Gib dich ihr hin, und sie wird sich dir geben.

Kurt Tucholsky

Auf Ölsuche

Jossele hat für derlei Probleme viel menschlichere Lösungen. Ein bedeutender Vorteil: Sie funktionieren auch.

Es war ein warmer Frühlingsnachmittag, so recht geschaffen für einen Kaffeehausbesuch. Draußen pulsierte das städtische Leben, die ältere Generation oblag ihren Berufen, die jüngere stand Schlange vor den Kinos. Jossele schlürfte seinen Mokka und räkelte sich.

„Hättest du etwas dagegen, reich zu werden?", fragte er.

„Nicht das Mindeste", antwortete ich mit Überzeugung. „Aber wie?"

„Öl", entschied Jossele. „Wir müssen nach Öl suchen."

Gesagt, getan. Als Erstes begaben wir uns zu einer nahe gelegenen Tankstelle und fragten den Boss, ob er billiges Benzin kaufen möchte. Ja, meinte der Boss, warum nicht, und woher wir's denn hätten? Von der Regierung, erklärte Jossele.

Als Nächstes erwarben wir einen gut erhaltenen Gartenschlauch und etwa ein Dutzend antiquarischer Kanister. Dann fassten wir Posten an einer belebten Ausfallstraße aus Tel Aviv.

Der erste Wagen, den wir anhielten, war ein fettes, schwarzes Taxi.

„Guten Tag“, sagte Jossele höflich und bestimmt. „Bitte öffnen Sie Ihren Tank.“

„Warum? Was ist los?“, fragte der Taxifahrer ebenso bestimmt, aber weniger höflich.

„Treibstoffkontrolle. Das neue Gesetz gegen Luftverschmutzung. Wir müssen feststellen, ob Sie sauberes Benzin verwenden. Öffnen Sie, bitte.“

„Was zum Teufel –“

„Es hat keinen Sinn, mit mir zu streiten, Herr. Ich bin nur ein kleiner Beamter, der einen Auftrag des Verkehrsministeriums erfüllt. Machen Sie mir keine Schwierigkeiten, und öffnen Sie den Tank.“

Nach ein paar saftigen Flüchen folgte der Taxifahrer dem obrigkeitlichen Geheiß.

Jossele steckte den Finger in die Tanköffnung, zog ihn heraus, leckte daran und schnitt eine bedenkliche Grimasse: „Hm. Schmeckt nicht so, wie es sollte. Sie gestatten.“

Damit ergriff er den Schlauch, führte ihn in den Benzintank ein, pumpte zwei Kanister voll und versah sie in deutlicher Kreideschrift mit der Nummer des Taxis.

„Geht direkt ins Laboratorium für einen Wasserfrau-

Test", erläuterte er dem Fahrer. „Wenn's in Ordnung ist, haben Sie nichts zu fürchten. Aber jetzt müssen Sie Platz machen für den Nächsten … Sie dort! Ja, der blaue Chevrolet! Hier herüber, bitte …"

Mittlerweile standen etwa zwanzig Wagen ordentlich hintereinander angereiht und warteten darauf, kontrolliert zu werden. Bis zum Einbruch der Dämmerung hatten wir mehr als 200 Liter Benzin gezapft, die wir zum Engrospreis an unseren Freund von der Tankstelle abgaben. Morgen kaufen wir ein paar Fässer und mieten einen Lieferwagen. Vielleicht schlagen wir der Regierung vor, mit uns gemeinsam in die Ölförderung einzusteigen.

Ephraim Kishon

Wanderlust

Die Zeit, sie orgelt emsig weiter,
Sein Liedchen singt dir jeder Tag,
Vermischt mit Tönen, die nicht heiter,
Wo keiner was von hören mag.

Sie klingen fort. Und mit den Jahren
Wird draus ein voller Singverein.
Es ist, um aus der Haut zu fahren.
Du möchtest gern woanders sein.

Nun gut. Du musst ja doch verreisen.
So fülle denn den Wanderschlauch.
Vielleicht vernimmst du neue Weisen,
Und Hühneraugen kriegst du auch.

Wilhelm Busch

Der Unfall

Es sprach das Gehirn erschüttert
zur Nase: „Du blutest stark!"
Es sagte der Hut verbittert:
„Ich bin total zerknittert
und war auf Seide gefüttert
und kostete dreißig Mark!"

Es sagte das Auge verschwommen:
„Ich fühle mich wieder frei.
Das Ganze wird uns gut bekommen;
das Herz ist nicht entzwei!"

Das Herz sagte: „So was kommt vor.
Vor allem aber lebt unser Humor,
und deshalb werde ich nun
in eurem Namen Gott innig danken,
wie das die Erschreckten und Kranken –
leider fast nur die – tun!"

Joachim Ringelnatz

Reisen bildet

Es kommt freilich nicht darauf an, wo man seine Koffer hinträgt; es kommt darauf an, was man nach Hause bringt – im Kopf. Manche reisen durch die ganze Welt und kommen eine Kleinigkeit dümmer heim als der Nachtwächter von Messenthien. Ich kannte einen Kaufmann, der stak lange in Indien – seinem Intellekt nach hätte ich ihm kaum Magdeburg zugetraut.

Kurt Tucholsky

Alle Reisen haben eine heimliche Bestimmung,
die der Reisende nicht ahnt.

Martin Buber

Ohne Reiseplan sich auf Reisen zu begeben,
heißt erwarten,
dass der Zufall uns an das Ziel führe,
das wir selbst nicht kennen.

Heinrich von Kleist

Ein abstrakter Strafzettel

Als Kind wunderte ich mich immer über die Aufkleber mit der Aufschrift „Presse" an der vorderen und hinteren Scheibe mancher Autos. Denn, obwohl Presse daraufstand, war weit und breit kein Wein zu sehen. Im Laufe der Jahre wurde ich etwas reifer und wunderte mich über ganz andere Dinge. Zum Beispiel darüber, dass die Polizei diese berufsbezeichnenden Schilder nur an Journalisten vergibt und nicht auch an Meteorologen oder Bürstengroßhändler.

Warum diese Diskriminierung?

Mit der Zeit fand ich auch dafür die Erklärung. Denn von dem Tag an, da ich selbst ein polizeiliches Presseschild an meinen Wagen kleben durfte, verpasste mir dieselbe Polizei dreimal so viele Strafzettel wie in den guten alten, pressefreien Tagen. Natürlich habe ich ein gewisses Verständnis für die Hüter der Ordnung. Wer kann Journalisten schon ausstehen?

Ein symptomatisches Erlebnis hatte ich neulich. Wie jeder Bürger Tel Avivs weiß, wird die eine Seite der Pipkinstraße seit zwei Jahren immer wieder aufgerissen. Vermutlich, weil man bei der letzten Ausgrabung irgendetwas unter der Asphaltdecke vergessen hat.

Daher ist die Straße für den Verkehr gesperrt, was zwei rote Verbotstafeln sowie ein grüner Polizist anzeigen. Was tut also ein erfahrener Journalist wie ich, wenn er etwas Wichtiges in der gesperrten Straßenhälfte zu tun hat? Er fährt trotzdem hinein. Die beiden Verbotstafeln zucken teilnahmslos die Achseln, nicht jedoch der Polizist.

„He, Sie da", sagte er. „Sehen Sie nicht, dass diese Straße für alle Fahrzeuge gesperrt ist?" „O ja", sagte ich, „aber ich bin von der Presse. Also tun Sie mir den Gefallen, und lassen Sie mich hinein."

„Sie sind also von der Presse", meinte der Polizist, „ich erschauere vor Ehrfurcht, aber Sie können hier trotzdem nicht hinein."

„Nun gut", sagte ich, „und was ist, wenn ich doch fahre?"

„Dann kriegen Sie einen Strafzettel."

„Okay, ich warte."

„Auf was?"

„Auf den Strafzettel."

„Warum?"

„Damit ich endlich fahren kann."

„Das würde Ihnen so passen", sagte der Polizist pikiert. „Nein, zuerst wird gefahren, dann erst bekommen Sie den Strafzettel."

„Lassen wir die Formalitäten“, ich versuchte eine gütliche Regelung. „Was haben Sie davon, wenn ich losfahre und Sie mir durch diese Kraterlandschaft nachlaufen müssen. Schreiben Sie das Strafmandat aus, und wir vergessen den Fall.“

„Nun gut“, stimmte das Auge des Gesetzes zu, holte seinen Block hervor und schrieb: „Nichtbeachtung eines Verkehrszeichens.“ Dann hielt er plötzlich inne und fragte: „Was haben Sie gesagt? Ich soll Ihnen nachlaufen?“

„Ja, durch diese Kraterlandschaft.“

„Sie würden also nicht anhalten?“

„Ich fürchte nein.“

„Das gibt eine Strafverschärfung.“ Das Gesicht des Polizisten verfinsterte sich. Er schrieb: „Nichtbefolgung einer polizeilichen Anordnung.“

Dann fragte er weiter: „Sie hätten mich sicherlich auch beschimpft, nicht wahr?“

„Vermutlich“, gab ich zu.

„Sie hätten mich ‚Blöder Plattfuß‘ genannt, oder?“

Dein Freund und Helfer fixierte mich mit zornigem Blick und schrieb: „Beleidigung eines Polizeiorgans im Dienst.“

„Das wird Sie aber teuer zu stehen kommen, mein Herr“, warnte er mich. „Unterschreiben Sie bitte hier.“

Ich unterschrieb, wir schüttelten uns die Hände und ich wendete, um nach Hause zu fahren.
„He“, schrie der Polizist, „wohin fahren Sie? Was ist mit der Verkehrsübertretung?“
„Morgen!“, schrie ich zurück. „Morgen früh!“ Morgen werde ich mich bei der Verkehrspolizei nach dem seit Langem fälligen Strafmandatsabonnement erkundigen.

Ephraim Kishon

Der Urlaub

Ein Mensch, vorm Urlaub, wahrt sein Haus,
Dreht überall die Lichter aus,
In Zimmern, Küche, Bad, Abort –
Dann sperrt er ab, fährt heiter fort.
Doch jäh, zu hinterst in Tirol,
Denkt er voll Schrecken: „Hab ich wohl?"
Und steigert wild sich in den Wahn,
Er habe dieses nicht getan.
Der Mensch sieht, schaudervoll, im Geiste,
Wie man gestohlen schon das meiste,
Sieht Türen offen, angelweit.
Das Licht entflammt die ganze Zeit!
Zu klären solchen Sinnentrug,
Fährt heim er mit dem nächsten Zug
Und ist schon dankbar, bloß zu sehn:
Das Haus blieb wenigstens noch stehn!
Wie er hinauf die Treppe keucht:
Kommt aus der Wohnung kein Geleucht?
Und plötzlich ists dem armen Manne,
Es plätschre aus der Badewanne!

Die Ängste werden unermessen:
Hat er nicht auch das Gas vergessen?
Doch nein! Er schnuppert, horcht und äugt
Und ist mit Freuden überzeugt,
Dass er – hat ers nicht gleich gedacht? –
Zu Unrecht Sorgen sich gemacht.
Er fährt zurück und ist nicht bang. –
Jetzt brennt das Licht vier Wochen lang.

Eugen Roth

Tragik

Ein männlicher Briefmark erlebte
Was Schönes, bevor er klebte.
Er war von einer Prinzessin beleckt.
Da war die Liebe in ihm erweckt.

Er wollte sie wiederküssen,
Da hat er verreisen müssen.
So liebte er sie vergebens.
Das ist die Tragik des Lebens.

Joachim Ringelnatz

Blickwinkel

Am Strand spielt ein Bub, baut einen Sandhaufen, höhlt ihn aus, schöpft mit der Kanne aus dem Meer Wasser und gießt es in die Höhlung des Sandhaufens.
„Was machst du da?“
„Ein Meer.“
„Ist dir das Meer draußen nicht groß genug?“
„Ja, größer ist es schon, aber das ist *mein* Meer.“

Arthur Schnitzler

Tu' ich einen Spaziergang machen

Tu' ich einen Spaziergang machen
Beschäft'gen mich allerlei Sachen.
In das Kommende oder in Zukunftsrätsel sich versenken,
Tod und Sterben überdenken,
Gibt es so was wie Fortschritt auf Erden
Oder werden wir alle russisch werden,
Sollen wir was für den Himmel tun:
Alle diese Fragen ruhn.

Immer nur allerkleinste Sachen
Dürfen einen Anspruch machen:
Warum sind Müllers ausgeblieben?
Warum hat Schulze nicht geschrieben?
Werd' ich der Meyer im Park begegnen?
Wird es schön Wetter oder wird es regnen –
Und im Immer-weiter-Schreiten
Wechseln so die Nichtigkeiten.

Theodor Fontane

Stiefel putzen

Jonathan Swift (1667–1745), anglikanischer Geistlicher und Autor von „Gullivers Reisen“, übernachtete mit seinem Diener in einem Dorfgasthaus. Als er am Morgen seine Stiefel noch schmutzig vorfand, stellte er den Diener zur Rede. Der entgegnete: „Das Putzen lohnt sich nicht, denn die Wege sind dreckig, und so werden die Stiefel gleich wieder schmutzig.“ Darauf befahl Swift aufzubrechen. Der Diener wandte ein, er habe doch noch nicht gefrühstückt. Doch Swift antwortete: „Das macht nichts, du wärst doch bald wieder hungrig.“

Weisheit für Leib und Seele

Sei freundlich zu deinem Leib,
damit die Seele Lust hat,
darin zu wohnen.

Teresa von Ávila

Gott und die Kochtöpfe

Vorwärts, meine Tochter,
nur keine Verzweiflung,
wenn das Gebot des Gehorsams
von euch verlangt,
dass ihr euch mit weltlichen Dingen befasst.
Wenn es Küchenarbeit sein sollte,
dann müsst ihr wissen,
dass der Herr auch mitten
unter den Kochtöpfen zu finden ist.

Teresa von Ávila

Tischgebet

Wenn Oliver Cromwell sich zu Tisch setzte, sagte er folgenden Segensspruch:
„Manche Leute haben Speisen, aber keinen Hunger;
andere haben Hunger, aber keine Speisen.
Ich habe beides. Der Herr sei gelobt!"

Kaffee ohne Zucker

Der italienische Physiker Alessandro Volta (1745 bis 1827), dem zu Ehren die Maßeinheit für die elektrische Spannung Volt genannt wird, trank seinen starken Kaffee stets ohne Zucker.
Als ihm Zucker angeboten wurde, lehnte er ab mit den Worten: „So geht mehr Kaffee in die Tasse."

Die fünf Ursachen

Man kann, wenn wir es überlegen,
Wein trinken fünf Ursachen wegen:
Einmal um eines Festtages wegen,
sodann vorhandenen Durst zu stillen,
ingleichen künftigen abzuwehren,
ferner dem guten Wein zu Ehren,
und endlich um jeder Ursache willen.

Friedrich Rückert

Wo kommen die Löcher im Käse her?

Wenn abends wirklich einmal Gesellschaft ist, bekommen die Kinder vorher zu essen. Kinder brauchen nicht alles zu hören, was Erwachsene sprechen, und es schickt sich auch nicht, und billiger ist es auch. Es gibt belegte Brote; Mama nascht ein bisschen mit, und Papa ist noch nicht da.

„Mama, Sonja hat gesagt, sie kann schon rauchen – sie kann doch noch gar nicht rauchen!" „Du sollst bei Tisch nicht reden." – „Mama, guck mal, die Löcher in dem Käse!" – Zwei Kinderstimmen, gleichzeitig: „Tobby ist aber dumm! Im Käse sind doch immer Löcher!" Eine weinerliche Jungenstimme: „Na ja – aber warum? Mama! Wo kommen die Löcher im Käse her?" – „Du sollst bei Tisch nicht reden!" – „Ich möchte aber doch wissen, wo die Löcher im Käse herkommen!" – Pause. – Mama: „Die Löcher … also ein Käse hat immer Löcher, da haben die Mädchen ganz recht! … ein Käse hat eben immer Löcher." „Mama! Aber dieser Käse hat doch keine Löcher! Warum hat der keine Löcher? Warum hat der Löcher?" – „Jetzt schweig und iss. Ich habe dir schon hundertmal gesagt, du sollst bei Tisch nicht reden. Iss!" – „Bwww – Ich möchte aber doch

wissen, wo die Löcher im Käse ... aua, schubs doch nicht immer ...!" Geschrei. Eintritt Papa.
„Was ist denn hier los? Gun Ahmt!" „Ach, der Junge ist wieder ungezogen!" – „Ich bin gah nicht ungezogen! Ich will nur wissen, wo die Löcher im Käse herkommen. Der Käse da hat Löcher und der hat keine – !" Papa: „Na, deswegen brauchst du doch nicht so zu brüllen! Mama wird dir das erklären!" – Mama: „Jetzt gib du dem Jungen noch recht! Bei Tisch hat er zu essen und nicht zu reden!" – Papa: „Wenn ein Kind was fragt, kann man ihm das schließlich erklären! Finde ich." – Mama: „Toujours en présence des enfants! Wenn ich es für richtig finde, ihm das zu erklären, werde ich ihm das schon erklären. Nu iss!" – „Papa, wo doch aber die Löcher im Käse herkommen, möchte ich doch aber wissen!" – Papa: „Also die Löcher im Käse, das ist bei der Fabrikation; Käse macht man aus Butter und aus Milch, da wird er gegoren und da wird er feucht; in der Schweiz machen sie das sehr schön - wenn du groß bist, darfst du auch mal mit in die Schweiz, da sind so hohe Berge, da liegt ewiger Schnee drauf – das ist doch schön, was?" – „Ja. Aber Papa, wo kommen denn die Löcher im Käse her?" – „Ich habs dir doch eben erklärt: Die kommen, wenn man ihn herstellt, wenn man ihn macht." – „Ja, aber ... wie

kommen die denn da rein, die Löcher?" – „Junge, jetzt löcher mich nicht mit deinen Löchern und geh zu Bett! Marsch! Es ist spät!" – „Nein! Papa! Noch nicht! Erklär mir doch erst, wie die Löcher im Käse ..." Bumm. Katzenkopf. Ungeheuerliches Gebrüll. Klingel. Onkel Adolf. „Guten Abend! Guten Abend, Margot – 'n Ahmt – na, wie gehts? Was machen die Kinder? Tobby, was schreist du denn so?" „Ich will wissen..." – „Sei still...!" – „Er will wissen..." – „Also jetzt bring den Jungen ins Bett und lass mich mit den Dummheiten in Ruhe! Komm Adolf, wir gehen solange ins Herrenzimmer; hier wird gedeckt!" Onkel Adolf: „Gute Nacht! Gute Nacht! Alter Schreihals! Nu hör doch bloß mal ...! Was hat er denn?" – „Margot wird mit ihm nicht fertig – er will wissen, wo die Löcher im Käse herkommen, und sie hat's ihm nicht erklärt." – „Hast dus ihm denn erklärt?" – „Natürlich hab ichs ihm erklärt." – „Danke, ich rauch jetzt nicht – sage mal, weißt du denn, wo die Löcher herkommen?" – „Na, das ist aber eine komische Frage! Natürlich weiß ich, wo die Löcher im Käse herkommen! Die entstehen bei der Fabrikation durch die Feuchtigkeit ... das ist doch ganz einfach!" – „Na, mein Lieber ... da hast du dem Jungen aber ein schönes Zeugs erklärt! Das ist doch überhaupt keine Erklärung!" – „Na, nimms mir nicht übel – du bist aber komisch! Kannst du mir denn erklären, wo die Löcher im Käse herkommen?" – „Gott sei Dank kann ich das." – „Also bitte."

„Also die Löcher im Käse entstehen durch das sogenannte Kasein, was in dem Käse drin ist." – „Das ist doch Quatsch." – „Das ist kein Quatsch." –„Das ist wohl Quatsch; denn mit Kasein hat das überhaupt nichts zu tun ... gun Ahmt Martha, gun Ahmt Oskar ... bitte, nehmt Platz. Wie gehts? ... überhaupt nichts zu tun!"

„Was streitet ihr euch denn da rum?" – Papa: „Nun bitt ich dich um alles in der Welt; Oskar! Du hast doch studiert und bist Rechtsanwalt: Haben die Löcher im Käse irgendetwas mit Kasein zu tun?" – Oskar: „Nein. Die Käse im Löcher ... ich wollte sagen, die Löcher im Käse rühren daher ... also die kommen daher, dass sich der Käse durch die Wärme bei der Gärung zu schnell ausdehnt!" Hohngelächter der plötzlich verbündeten reisigen Helden Papa und Onkel Adolf. „Haha! Hahaha! Na das ist eine ulkige Erklärung! Der Käse dehnt sich aus! Hast du das gehört? Haha ...!"

Eintritt Onkel Sigismund, Tante Jenny, Dr. Guggenheimer und Direktor Fackeland. Großes „Guten Abend! Guten Abend! – ... gehts? ... unterhalten uns gerade ... sogar riesig komisch ... ausgerechnet Löcher im Käse! ... es wird gleich gegessen ... also bitte, dann erkläre du –!"

Onkel Sigismund: „Also – die Löcher im Käse kommen daher, dass sich der Käse bei der Gärung vor Kälte zusammenzieht!" Anschwellendes Rhabarber, Rumor, dann großer Ausbruch mit voll besetztem Orchester: „Haha! Vor Kälte! Hast du schon mal kalten Käse gegessen? Gut, dass Sie keinen Käse machen, Herr Apolant! Vor Kälte! Hähä!" Onkel Sigismund beleidigt ab in die Ecke.

Dr. Guggenheimer: „Bevor man diese Frage entscheiden kann, müssen Sie mir erst mal sagen, um welchen Käse es sich überhaupt handelt. Das kommt nämlich auf den Käse an!" Mama: „Um Emmentaler! Wir haben ihn gestern gekauft ... Martha, ich kauf jetzt immer bei Danzel, mit Mischewski bin ich nicht mehr so zufrieden, er hat uns neulich Rosinen nach oben geschickt, die waren ganz ..." „Also wenn es Emmentaler war, dann ist die Sache ganz einfach. Emmentaler hat Löcher, weil er ein Hartkäse ist. Alle Hartkäse haben Löcher."

Direktor Flackeland: „Meine Herren, da muss wieder mal ein Mann des praktischen Lebens kommen ... die Herren sind ja größtenteils Akademiker ..." (Niemand widerspricht.) „Also die Löcher im Käse sind Zerfallsprodukte beim Gärungsprozess. Ja. Der … Käse zerfällt, eben … weil der Käse …“ Alle Daumen sind nach unten gerichtet, das Volk steht auf, der Sturm bricht los. „Pö! Das weiß ich auch! Mit chemischen Formeln ist die Sache nicht gemacht!“ Eine hohe Stimme: „Habt ihr denn kein Lexikon –?“

Sturm auf die Bibliothek. Heyse, Schiller, Goethe, Bölsche, Thomas Mann, ein altes Poesiealbum – wo ist denn … richtig!

Grobkalk bis Kerbtiere.

Kanzel, Kapital, Kapitalertragssteuer, Karbatsche, Kartätsche, Karwoche, Käse –! „Lass mich mal! Geh mal weg! Pardon! Also: „Die blasige Beschaffenheit mancher Käsesorten rührt her von einer Kohlensäureentwicklung aus dem Zucker der eingeschlossenen Molke.“ Alle unisono: „Hast es. Was hab ich gesagt?“ … „eingeschlossenen Molke und ist … wo geht denn das weiter? Margot, hast du hier eine Seite aus dem Lexikon rausgeschnitten? Na, das ist doch unerhört – wer war denn hier am Bücherschrank? Sind die Kinder …? Warum schließt du den Bücherschrank nicht ab?“ „Warum schließt du den Bücherschrank nicht ab, ist gut – hundertmal hab ich dir gesagt, schließ du ihn ab –“ – „Nu lasst doch mal: Also wie war das? Ihre Erklärung war falsch. Meine Erklärung war richtig." – „Sie haben gesagt, der Käse kühlt sich ab – ich hab gesagt, dass sich der Käse erhitzt!" „Na also, dann haben Sie doch nichts von der kohlensauren Zuckermolke gesagt, wie da drinsteht!" – „Was du gesagt hast, war überhaupt Blödsinn!" – „Was verstehst du von Käse? Du kannst ja nicht mal Bolles Ziegenkäse von einem alten Holländer unterscheiden!" – „Ich hab vielleicht mehr alten Holländer in meinem Leben gegessen als du!" – „Spuck nicht, wenn du mit mir sprichst!" Nun reden alle mit einemmal.

Man hört: – „Betrag dich gefälligst anständig, wenn du bei mir zu Gast bist ...!" – „Saurige Beschaffenheit der Muckerzolke ..." – „Mir überhaupt keine Vorschriften zu machen!" – „Bei Schweizer Käse – ja! Bei Emmentaler Käse – nein!" – „Du bist hier nicht bei dir zu Hause! Hier sind anständige Leute ..." – „Wo denn – ?" – „Das nimmst du zurück! Das nimmst du sofort zurück! Ich lasse nicht in meinem Haus nicht meine Gäste beleidigen – ich lasse in meinem Haus meine Gäste beleidigen! Du gehst mir sofort aus dem Haus!" – „Ich bin froh, wenn ich raus bin – deinen Fraß brauche ich nicht!" – „Du betrittst mir nicht mehr meine Schwelle!" – „Meine Herren, aber das ist doch...!" – „Sie halten überhaupt den Mund – Sie gehören nicht zur Familie! …“ – „Na, das *hab* ich noch nicht gefrühstückt!“ – „Ich als Kaufmann …!“ – „Nu hören sie doch mal zu: Wir hatten im Krieg einen Käse –“ – „Das war keine Versöhnung! Es ist mir ganz egal, und wenn du platzt: Ihr habt uns betrogen, und wenn ich mal sterbe, betrittst du nicht mein Haus!“ – „Erbschleicher!“ – „Hast du das –!“ – „Und ich sag es ganz laut, damit es alle hören: Erbschleicher! So! Und nu geh hin und verklag mich!“ – „Lümmel! Ein ganz fauler Lümmel, kein Wunder bei dem Vater!“ – „Und deine? Wer ist denn deine? Wo hast du denn deine Frau her?“ – „Raus! Lümmel!“ – „Wo ist mein Hut? In so einem Hause muss man ja auf seine Sachen aufpassen!“ – „Das wird noch ein juristisches Nachspiel haben! Lümmel! …“ – „Sie mir auch –!“

In der Türöffnung erscheint Emma, aus Gumbinnen, und spricht: „Jnädje Frau, es ist anjerichtet –!“

4 Privatbeleidigungsklagen. 2 umgestoßene Testamente, 1 aufgelöster Soziusvertrag. 3 gekündigte Hypotheken. 3 Klagen um bewegliche Vermögensobjekte: ein gemeinsames Theaterabonnement, einen Schaukelstuhl, ein elektrisch heizbares Bidet. 1 Räumungsklage des Wirts.

Auf dem Schauplatz bleiben zurück ein trauriger Emmentaler und ein kleiner Junge, der die dicken Arme zum Himmel hebt und, den Kosmos anklagend, weithin hallend ruft: „Mama! Wo kommen die Löcher im Käse her –?“

Kurt Tucholsky

Einkehr

Bei einem Wirte wundermild,
Da war ich jüngst zu Gaste;
Ein goldner Apfel war sein Schild
An einem langen Aste.

Es war der gute Apfelbaum,
Bei dem ich eingekehret;
Bei süßer Kost und frischem Schaum
Hat er mich wohl genähret.

Es kamen in sein grünes Haus
Viel leicht beschwingte Gäste;
Sie sprangen frei und hielten Schmaus
Und sangen auf das Beste.

Ich fand ein Bett zu süßer Ruh
Auf weichen grünen Matten;
Der Wirt, er deckte selbst mich zu
Mit seinem kühlen Schatten.

Nun fragt' ich nach der Schuldigkeit,
Da schüttelt' er die Wipfel.
Gesegnet sei er allezeit
Von der Wurzel bis zum Gipfel!

Ludwig Uhland

Urwort metamorphisch

Ein Kraut, das hieß mit Namen Minz,
begab sich einst von Wien nach Linz,
wollt grade um die Donau biegen,
da sah es einen Hasen liegen,
der hier den lieben langen Tag
anstatt im Gras im Pfeffer lag.
Die Minze roch, das stört das Tier
und es ergriff gleich sein Panier.
Es blieb, und dies der Minze Glück,
der Pfeffer nur allein zurück.
Das Kraut bemächtigt sich der Beute
und heißt somit, man weiß, bis heute,
so wie es damals kam nach Linze,
Pfefferminze.

Christian Morgenstern

Zwei Kehlen – ein Gedanke

Wilhelm Busch war von Mechtshausen nach Hannover gekommen und traf sich mit einem Freund in einem kleinen Gasthaus. „Was möchtest du trinken, Wilhelm?“, fragte der Gefährte. „Dasselbe“, antwortete Busch. „Ober, zwei Bier!“, bestellte der Freund. Nachdem es gebracht war und Wilhelm Busch einen Augenblick die Blume mit den Augen liebkost hatte, griff er zum Glas und stieß heiter prostend an: „Zwei Kehlen – ein Gedanke!“

Aus einem Kalenderblatt

Länger oder kürzer

Goethe sah von seinem Fenster aus seinen Küchenjungen mit einem großen, unter dem Mantel nur halb verborgenen Fisch durch den Park rennen. Der Fischschwanz guckte unter dem Mantel hervor. Er rief ihn her und antwortete dem zitternden Jungen auf die Frage, was er befehle: „Ich befehle, wenn du künftig einen von meinen Fischen ausführen willst, dass du einen längeren Mantel oder einen kürzeren Fisch nimmst.“

Pfarrer und Bauer

Pfarrer:
Wie mögt Ihr nur so bang um Eure Nahrung sorgen!
Da seht die Vögel unterm Himmel an!
Fragt einer auch: „Was ess ich heut und morgen?"
Keiner verhungert, seht, dafür ist Gott der Mann.
Wenn nun der Herr des Sperlings Schrei erhört,
Seid Ihr nicht mehr denn alle wert?

Bauer:
Ganz gut, Herr Pfarr! Doch, wenns Euch nicht erbost:
Beim Licht besehn, ist das ein – Vogeltrost.

Eduard Mörike

Der Kobold

In einem Häuschen sozusagen –
(den ersten Stock bewohnt der Magen)
in einem Häuschen war's nicht richtig.
Darinnen spukt und tobte tüchtig
ein Kobold wie ein wildes Bübchen
vom Keller bis zum Oberstübchen,
fürwahr, es war ein bös Getös.
Der Hausherr wird zuletzt nervös,
und als ein desperater Mann
steckt er kurzweg sein Häuschen an
und baut ein Haus sich anderswo
und meint, da ging es ihm nicht so.
Allein da sieht er sich betrogen.
Der Kobold ist mit umgezogen
und macht Spektakel und Rumor
viel ärger noch als wie zuvor.
„Ha", rief der Mann, „wer bist du, sprich!"
Der Kobold lacht: „Ich bin dein Ich."

Wilhelm Busch

Im Voraus

Der bekannte Wiener Mediziner, Professor Billroth, verordnete einmal einem Patienten, der an einem Magenkatarrh litt, täglich eine Tasse Haferschleimsuppe und ein Glas Rotwein zu trinken. Als der Patient nach mehreren Wochen wieder zum Arzt ging, fragte ihn dieser, wie es ihm gehe und ob er auch seine Anordnungen befolgt habe. „Selbstverständlich, Herr Professor“, entgegnete er, „aber leider bin ich mit der Haferschleimsuppe vier Wochen im Rückstand, mit dem Rotwein aber drei Monate voraus.“

Spaghetti alla monumentale

Man weiß, dass jedes Volk seine Nationalspeise hat (die Israelis zum Beispiel den arabischen Skish-kebab). Für die Italiener bedeuten jedoch Spaghetti keine bloße Nationalspeise, sondern eine psychopathologische, traumatisch vererbte Zwangshandlung. Die Italiener essen fast pausenlos und fast pausenlos Spaghetti. Es gibt schlechthin nichts, wozu sie keine Spaghetti äßen. Wenn man ein Beefsteak bestellt, greift der Kellner zuerst einmal in einen Bottich mit Spaghetti. Ohne Spaghetti kein Fleisch, kein Fisch, keine Vorspeise, keine Nachspeise, keine Spaghetti. Einmal, als ihr wieder die nicht bestellten Spaghetti serviert wurden, wagte meine todesmutige Gattin Einspruch zu erheben.

„Bitte, wir haben keine Spaghetti bestellt."

„Signora", wies der Kellner sie zurecht, „das sind keine Spaghetti. Das sind Allegretti con brio alla pomodore die Ottorino Respighi ..."

Denn die Italiener haben immer wechselnde Namen für die immer gleichen Spaghetti. Man weiß eigentlich nie, was an isst, wenn man Spaghetti isst – außer dass es Spaghetti sind. Proteste fruchten nichts, da kann man reden, soviel man will. Außerdem gehört es zu des weißen Mannes schwersten Bürden, die Kunst des Aufgabelns zu erlernen. Nach Italien eingewanderte Familien brauchen oft drei Generationen lang, ehe sie es fertigbringen, diese acht Meter langen Gummischläuche richtig zu rollen.

Eines Tages wurde es mir zu dumm. Ich zog mein Taschenmesser und zerschnitt die wild gewordene Spaghettischlange in kleine Stücke. Meine Gattin wollte vor Scham in die Erde versinken. Mich aber rettete meine Tollkühnheit vor dem Hungertod.

Neben den Spaghetti haben die Italiener noch eine andere Schwäche: Reiterstandbilder.

An jeder zweiten Straßenecke sieht man sich plötzlich einem Kriegshelden gegenüber, der hoch zu Ross mit ausgestrecktem Arm und ebensolcher Adlernase auf seinem Postament thront. Eine lange lateinische Inschrift auf dem Postament preist den Mut und die Todesverachtung des bekannt martialischen Italienervolkes. Keine italienische Familie, die etwas auf sich hält, würde darauf verzichten, mindestens ein bis zwei Reiterstandbilder zu stiften. Sofort nach Beendigung der Trauerperiode besinnt sich die italienische Witwe und spricht: „Unser Peppino ist doch immer so schrecklich gerne zum Pferderennen gegangen. Wir sollten ihm vor dem Laden ein Denkmal setzen …"

Und bald darauf thront der selige Peppino, das kampflustig gezogene Schwert in der Rechten, auf bronzenem Zelter inmitten des Marktplatzes, wo sich seine Gemischtwarenhandlung befindet, und rings um das Piedestal grüßen seine Kundschaften, in weißen Marmor gehauen, mit erhobenem Arm zu ihrem Helden empor …

Ephraim Kishon

Was süß schmeckt,
wird oft bitter beim Verdauen.

William Shakespeare

Manche füllen sich den Magen so,
dass er die Stelle des Herzens zusätzlich beansprucht.

Rudolf Rolfs

Wer seine Gesundheit durch allzu strenge Lebensweise zu erhalten sucht, begibt sich damit in eine fortlaufende und langweilige Krankheit.

François La Rochefoucault

Durch unnatürliche Kost
wird der Hunger nur gesteigert.

Bernhard von Clairvaux

Pfannekuchen und Salat

Von Fruchtomletts da mag berichten
Ein Dichter aus den höhern Schichten.

Wir aber, ohne Neid nach oben,
Mit bürgerlicher Zunge loben
Uns Pfannekuchen und Salat.
Wie unsre Liese delikat
So etwas backt und zubereitet,
Sei hier in Worten angedeutet.

Drei Eier, frisch und ohne Fehl,
Und Milch und einen Löffel Mehl,
Die quirlt sie fleißig durcheinand
Zu einem innigen Verband.

Sodann, wenn Tränen auch ein Übel,
Zerstückelt sie und mengt die Zwiebel
Mit Öl und Salz zu einer Brühe,
Dass der Salat sie an sich ziehe.

Um diesen ferner herzustellen,
Hat sie Kartoffeln abzupellen.
Da heißt es, fix die Finger brauchen,
Den Mund zu spitzen und zu hauchen,
Denn heiß geschnitten nur allein
Kann der Salat geschmeidig sein.

Hierauf so geht es wieder heiter
Mit unserm Pfannekuchen weiter.

Nachdem das Feuer leicht geschürt,
Die Pfanne sorgsam auspoliert,
Der Würfelspeck hineingeschüttelt,
So dass es lustig brät und brittelt,
Pisch, kommt darüber mit Gezisch
Das ersterwähnte Kunstgemisch.

Nun zeigt besonders und apart
Sich Lieschens Geistesgegenwart,
Denn nur zu bald, wie allbekannt,
Ist solch ein Kuchen angebrannt.

Sie prickelt ihn, sie stockert ihn,
Sie rüttelt, schüttelt, lockert ihn
Und lüftet ihn, bis augenscheinlich
Die Unterseite eben bräunlich,
Die umgekehrt geschickt und prompt
Jetzt ihrerseits nach oben kommt.

Geduld, es währt nur noch ein bissel,
Dann liegt der Kuchen auf der Schüssel.

Doch späterhin die Einverleibung,
Wie die zu Mund und Herzen spricht,
Das spottet jeglicher Beschreibung,
Und darum endet das Gedicht.

Wilhelm Busch

Semmelknödel

KARLSTADT: Ja sag einmal, warum bist du denn heute Mittag nicht zum Essen gekommen? 2 Stunden hab ich auf dich gewartet.

VALENTIN: Ja, ich hab da draußen gleich gesessen, wo ich zu tun g'habt hab, in der kleinen Wirtschaft, und da isst man sehr gut, fast tadellos.

KARLSTADT: No, so gut, wie ich koche, wird's bestimmt nicht sein.

VALENTIN: Doch, doch.

KARLSTADT: Aber jetzt ist es 9 Uhr abends, wo warst du denn in der langen Zwischenzeit?

VALENTIN: Nirgends, da hab ich auf das Mittagessen gewartet.

KARLSTADT: Ja ist dir denn das nicht zu langweilig geworden?

VALENTIN: Nein – in der Zwischenzeit hab ich mit der Kassierin gesprochen.

KARLSTADT: Was, 9 Stunden warst du mit der Kassierin beisammen? Über was habt ihr denn da gesprochen?

VALENTIN: Ja über dös, dass die Semmelknödel so lange nicht kommen.

KARLSTADT: So lang wartet doch kein vernünftiger Mensch auf das Mittagessen.
VALENTIN: Da war ich ja nicht vernünftig, ich war ja hungrig.
KARLSTADT: Papperlapapp – wenn man das Essen um 12 Uhr bestellt und in einer halben Stunde ist es noch nicht da, dann geht man einfach.
VALENTIN: Freilich, dann frisst's ein anderer für mich …
KARLSTADT: Und ausgerechnet Semmelknödel hat er sich bestellt, wo ich doch heute auch Semmelknödel gemacht habe.
VALENTIN: Was, dieselben?
KARLSTADT: Ah, dieselben! Unsinn – andere hab ich halt gemacht, aber Semmelknödel sind Semmelknödel.
VALENTIN: deln.
KARLSTADT: Was deln?
VALENTIN: Semmelnknödeln heißt's.
KARLSTADT: Ich hab ja g'sagt, Semmelknödel.
VALENTIN: Nein, Semmelnknödeln.
KARLSTADT: Nein, man sagt schon von jeher Semmelknödel.
VALENTIN: Ja zu *einem* – aber zu *mehreren* Semmelnknödel sagt man Semmelknödeln.

KARLSTADT: Aber wie tät man denn zu einem Dutzend Semmelknödel sagen?
VALENTIN: Auch Semmelknödeln – Semmel ist die Einzahl, das musst ihnen merken, und Semmeln ist die Mehrzahl, das sind also mehrere einzelne zusammen. Die Semmelnknödeln werden aus Semmeln gemacht, also aus mehreren Semmeln, du kannst nie aus einer Semmel Semmelnknödeln machen.
KARLSTADT: Machen kann mans schon.
VALENTIN: Ja ja, machen schon, aber wenn du aus einer Semmel 10 Semmelnknödeln machen tätst, dann würden die Semmelnknödeln so klein wie Mottenkugeln. Dann würde das Wort Semmelknödeln schon stimmen. Weils bloß aus einer Semmel sind. Aber solang die Semmelnknödeln aus mehreren Semmeln gemacht werden, sagt man unerbittlich: Semmelnknödeln.
KARLSTADT: Da sagst es aber auch nicht richtig, jetzt hast grad g'sagt Semmelnknödeln.
VALENTIN: Nein, ich hab g'sagt Semmelnknödeln.
KARLSTADT: Richtig muss es eigentlich Semmelknödeln heißen, die Semmel muss man betonen, weil die Knödel aus Semmeln gemacht sind – überhaupt das Wichtigste ist der Knödel – Semmelknödeln müsst es ursprünglich heißen.

VALENTIN: Nein, das Wichtigste ist das „n“ zwischen Semmel und Knödeln.

KARLSTADT: Ja wie heißt es dann bei den Kartoffelknödeln?

VALENTIN: Dasselbe „n“, Kartoffelnknödeln!!!

KARLSTADT: Und bei den Schinkenknödeln ah – hahaha –

VALENTIN: Da ist's genauso – da ist das „n“ schon zwischendrin, es gibt keine Knödeln ohne „n“.

KARLSTADT: Doch, die Leberknödeln.

VALENTIN: Ja, stimmt – Lebernknödeln kann man nicht sagen!

Karl Valentin

Diät

Gern hört man, abends eingeladen,
Dass gute Dinge uns nicht schaden.
So will der Hausherr, dieser Schurke,
Uns überzeugen, dass die Gurke,
Wie er sie anmacht, leicht verdaulich,
Die Hausfrau teilt uns mit, vertraulich,
Wie sie an Magensäure litte;
Sie wolle uns nicht drängen, bitte
Das sei gewiss nicht ihre Art –
Doch diese Tunke sei soo zart …
Auch wird uns dringend angeraten
Der fast nicht fette Schweinebraten.
Der Weißwein kann, im Allgemeinen
Seis zugegeben, schädlich scheinen.
Doch dieser, ein gepflegter Franke,
Sei grade gut für Magenkranke.
Der also überzeugte Gast
Hätt es auch gut vertragen – *fast!*

Eugen Roth

Herr von Ribbeck auf Ribbeck im Havelland

Herr von Ribbeck auf Ribbeck im Havelland,
ein Birnbaum in seinem Garten stand,
und kam die goldene Herbsteszeit
und die Birnen leuchteten weit und breit,
da stopfte, wenns Mittag vom Turme scholl,
der von Ribbeck sich beide Taschen voll,
und kam in Pantinen ein Junge daher,
so rief er: „Junge, wist 'ne Beer?"
und kam ein Mädel, so rief er: „Lütt Dirn,
kumm man röwer, ick hebb 'ne Birn."

So ging es viel Jahre, bis lobesam
der von Ribbeck auf Ribbeck zu sterben kam.
Er fühlte sein Ende, 's war Herbsteszeit,
wieder lachten die Birnen weit und breit;
da sagte von Ribbeck: „Ich scheide nun ab.
Legt mir eine Birne mit ins Grab."
Und drei Tage drauf, aus dem Doppeldachhaus,
trugen von Ribbeck sie hinaus,
alle Bauern und Büdner, mit Feiergesicht
sangen „Jesus, meine Zuversicht",

und die Kinder klagten, das Herze schwer:
„He is dod nu. Wer giwt uns nu 'ne Beer?"

So klagten die Kinder. Das war nicht recht.
Ach, sie kannten den alten Ribbeck schlecht;
der neue freilich, der knausert und spart,
hält Park und Birnbaum strenge verwahrt,
aber der alte, vorahnend schon
und voll Misstrauen gegen den eigenen Sohn,
der wusste genau, was damals er tat,
als um eine Birn ins Grab er bat.
Und im dritten Jahr, aus dem stillen Haus
ein Birnbaumsprössling sprosst heraus.

Und die Jahre gingen wohl auf und ab,
längst wölbt sich ein Birnbaum über dem Grab,
und in der goldenen Herbsteszeit
leuchtet es wieder weit und breit.
Und kommt ein Jung übern Kirchhof her,
so flüsterts im Baume: „Wiste 'ne Beer?"
und kommt ein Mädel, so flüsterts: „Lütt Dirn,
kumm man röwer, ick gew di 'ne Birn."

So spendet Segen noch immer die Hand
des von Ribbeck auf Ribbeck im Havelland.

Theodor Fontane

Ein Getränk

Wissen Sie, wie in England das Bier schmeckt?
Nein!?
Interesiert es Sie wirklich!?
Ich sag Ihnen gleich – wenn Sie Biertrinker sind, benötigen Sie jetzt gute Nerven! Wer die nicht hat, sollte hier lieber nicht weiterlesen!
Stellen Sie sich Folgendes vor: Es ist Gaststättenschluss, der letzte Gast hat das Lokal verlassen. In einigen Biergläsern befinden sich noch ein paar Reste. Wir in Sachsen sagen dazu „Neeschn". Das Wort kommt bekanntlich von „Neige", es handelt sich also bei diesen Resten um zur Neige gegangenes Bier.
Diese „Neeschn" schütten Sie nun in ein Glas.
Und das – trinken Sie am nächsten Tag!
Dann haben Sie eine Vorstellung, wie englisches Bier schmeckt!

Bernd-Lutz Lange

Eine Neige Wein

Eine Neige Wein,
Eine Neige Liebe;
Dass vom Abendschein
Nun so viel mir bliebe,
Meinen Doppelrest
Langsam auszutrinken,
Und zum Schlafe fest
In die Nacht zu sinken.

Friedrich Rückert

Der Geschmack der Alten

Ob wir, wir Neuern, vor den Alten
Den Vorzug des Geschmacks erhalten,
Was les't ihr darum vieles nach,
Was der und jener Franze sprach?
Die Franzen sind die Leute nicht,
Aus welchen ein Orakel spricht.

Ich will ein neues Urteil wagen.
Geschmack und Witz, es frei zu sagen,
War bei den Alten allgemein.
Warum? Sie tranken alle Wein.
Doch ihr Geschmack war noch nicht fein;
Warum? Sie mischten Wasser drein.

Gotthold Ephraim Lessing

Die Deutschen lieben Rheinwein.
Er wird in schlanke Flaschen gefüllt und für ein gutes Getränk gehalten.
Von Essig unterscheidet er sich durch das Etikett.

Mark Twain

Anstoßen

Die Trinksprüche bei einem Festmahl rissen nicht ab. Immer wieder wurde angestoßen.
Einem weniger trinkfreudigen Gast wurde das zu viel und er beschwerte sich beim Nachbarn. Doch der entgegnete: „Das Anstoßen muss sein. In den Gläsern ist Wein, im Wein liegt Wahrheit. Und mit der Wahrheit stößt man überall an."

Diät

Der schwer erkrankte Schriftsteller Mark Twain wurde im Krankenhaus auf strenge Diät gesetzt.
Als er Hunger hatte und um etwas zu essen bat, bekam er nur einen Löffel Nährsalz.
Der Spötter lächelte die Schwester an: „Nun bin ich satt und würde gern etwas lesen, vielleicht eine Briefmarke?"

Tierische Weisheit

Es gibt Menschen,
welche den Vogel ganz genau
zu kennen glauben,
weil sie das Ei gesehen,
woraus er hervorgegangen.

Heinrich Heine

Anekdote

Ein mecklenburgischer Landmann namens Jonas war seiner Leibesstärke wegen im ganzen Lande bekannt.

Ein Thüringer, der in die Gegend geriet und von jenem mit Ruhm sprechen hörte, nahm sichs vor, sich mit ihm zu versuchen.

Als der Thüringer vor das Haus kam, sah er vom Pferde über die Mauer hinweg auf dem Hofe einen Mann Holz spalten und fragte diesen, ob hier der starke Jonas wohne, erhielt aber keine Antwort.

So stieg er vom Pferde, öffnete die Pforte, führte das Pferd herein und band es an die Mauer.

Hier eröffnete der Thüringer seine Absicht, sich mit dem starken Jonas zu messen.

Jonas ergriff den Thüringer, warf ihn sofort über die Mauer zurück und nahm seine Arbeit wieder vor.

Nach einer halben Stunde rief der Thüringer, jenseits der Mauer: Jonas! – Nun was gibts, antwortete dieser.

Lieber Jonas, sagte der Thüringer, sei so gut und schmeiß mir einmal auch mein Pferd wieder herüber!

Heinrich von Kleist

Wenn ich ein Vöglein wär ...

Es fliegen die Vögelein vor unsern Augen über uns zu kleinen Ehren, dass wir wohl möchten unsere Hütlein gegen sie abtun und sagen: Mein lieber, kleiner Herr Doktor, ich muss bekennen, dass ich die Kunst nicht kann, die du kannst. Du schläfst die Nacht über in deinem Nestlein ohne alle Sorge. Des Morgens fliegst du wieder aus, bist fröhlich und guter Dinge, setzest dich auf einen Baum und singest, lobest und dankest Gott; darnach suchest du dein Körnlein und findest es. Pfui, was habe ich alter Narr gelernt, dass ich's nicht auch tue, der ich doch so viele Ursachen dazu habe? Daher: Das Vögelein lässt sein Sorgen und hält sich in solchem Falle wie ein lebendiger Heiliger und hat doch weder Äcker noch Scheunen, weder Kasten noch Keller; es singt, lobt Gott, ist fröhlich und guter Dinge.

Martin Luther

Der Vogel hat Humor

Es sitzt ein Vogel auf dem Leim, er flattert sehr und kann nicht heim. Ein schwarzer Kater schleicht herzu, die Krallen scharf, die Augen gluh. Am Baum hinauf und immer höher kommt er dem armen Vogel näher. Der Vogel denkt: Weil das so ist und weil mich doch der Kater frisst, so will ich keine Zeit verlieren, will noch ein wenig quinquilieren und lustig pfeifen wie zuvor. Der Vogel, scheint mir, hat Humor.

Wilhelm Busch

Bescheidenheit ist eine Zier, doch weiter kommt man …

Friedrich der Große schrieb auf ein Gesuch eines Pfarrers um Bewilligung eines Zuschusses zu einem Pferd: „Es heißt nicht: reitet in alle Welt, sondern gehet in alle Welt und predigt allen Völkern."

Ein großer Teich war zugefroren

Ein großer Teich war zugefroren;
Die Fröschlein, in der Tiefe verloren,
Durften nicht ferner quaken noch springen,
Versprachen sich aber, im halben Traum:
Fänden sie nur da oben Raum,
Wie Nachtigallen wollten sie singen.
Der Tauwind kam, das Eis zerschmolz,
Nun ruderten sie und landeten stolz
Und saßen am Ufer weit und breit
Und quakten wie vor alter Zeit.

Johann Wolfgang von Goethe

Auf ein Ei geschrieben

Ostern ist zwar schon vorbei,
Also dies kein Osterei;
Doch wer sagt, es sei kein Segen,
Wenn im Mai die Hasen legen?
Aus der Pfanne, aus dem Schmalz
Schmeckt ein Eilein jedenfalls,
Und kurzum, mich täts gaudieren,
Dir dies Ei zu präsentieren.
Und zugleich tät es mich kitzeln,
Dir ein Rätsel drauf zu kritzeln.

Die Sophisten und die Pfaffen
Stritten sich mit viel Geschrei:
Was hat Gott zuerst erschaffen,
Wohl die Henne? Wohl das Ei?

Wäre das so schwer zu lösen?
Erstlich ward das Ei erdacht:
Doch weil noch kein Huhn gewesen,
Schatz, so hats der Has gebracht.

Eduard Mörike

Erklärung

Ein Löwe würdigte einen drolligen Hasen seiner näheren Bekanntschaft. „Aber ist es denn wahr“, fragte ihn einmal der Hase, „dass euch Löwen ein elender krähender Hahn verjagen kann?“
„Allerdings ist es wahr“, antwortete der Löwe, „und es ist eine allgemeine Anmerkung, dass wir großen Tiere durchgängig eine gewisse kleine Schwachheit an uns haben. So wirst du zum Exempel von dem Elefanten gehört haben, dass ihm das Grunzen eines Schweins Schauder und Entsetzen erweckt.“
„Wahrhaftig?“, unterbrach ihn der Hase. „Ja, nun begreif’ ich auch, warum wir Hasen uns so entsetzlich vor den Hunden fürchten.“

Gotthold Ephraim Lessing

Täglich zu singen

Ich danke Gott und freue mich
wie's Kind zur Weihnachtsgabe,
dass ich bin, bin! Und dass ich dich,
schön menschlich Antlitz habe!

Dass ich die Sonne, Berg und Meer,
und Laub und Gras kann sehen,
und abends unterm Sternenheer
und lieben Monde gehen!

Und dass mir dann zumute ist,
als wenn wir Kinder kamen
und sahen, was der heil'ge Christ
bescheret hatte, Amen!

Ich danke Gott mit Saitenspiel,
dass ich kein König worden;
ich wär geschmeichelt worden viel,
und wär vielleicht verdorben.

Auch bet ich ihn von Herzen an,
dass ich auf dieser Erde
nicht bin ein großer reicher Mann,
und auch wohl keiner werde.

Denn Ehr und Reichtum treibt und bläht,
hat mancherlei Gefahren,
und vielen hat's das Herz verdreht,
die weiland wacker waren.

Und all das Geld und all das Gut
gewährt zwar viele Sachen;
Gesundheit, Schlaf und guten Mut
kann's aber doch nicht machen.

Und die sind doch, bei Ja und Nein,
ein rechter Lohn und Segen!
Drum will ich mich nicht groß kastei'n
des vielen Geldes wegen.

Gott gebe mir nur jeden Tag,
so viel ich darf, zum Leben.
Er gibt's dem Sperling auf dem Dach.
Wie sollt er's mir nicht geben!

Matthias Claudius

Retourkutsche

Ein Pfarrer war im Begriff, nach einem Ort seines Kirchspiels zu reiten, und das gesattelte Pferd stand vor der Türe. Der Ortsschultheiß kam just vorüber und sagte scherzend: „Als Christus seinen Einzug in die Stadt Jerusalem hielt, ritt er nur einen schlechten Esel, und Sie, Herr Pfarrer, haben ein so schönes Pferd. Wie reimt sich das zusammen?"
„Ihr habt recht", entgegnete der Pfarrer, „denn seither sind alle Esel so hoch geschätzt worden, dass man aus ihnen lauter Schultheißen gemacht hat. Weil es deshalb an Eseln fehlt, muss ich auf einem Pferde reiten."

Sebastian Sailer

Ein Affe für mich allein

Wie oft habe ich mir vorgestellt, ich hätte einen Schimpansen im Büro! Ich würde ihn Kurt nennen, ihm ein Bettchen in die Ecke stellen, und er könnte hier schlafen. Morgens, wenn ich käme, wäre das Zimmer nicht leer, sondern schon jemand da, der mich begrüßen würde mit einem milden, klaren, seelenvollen Affenblick.

Es müßte allerdings wirklich ein Schimpanse sein, darauf möchte ich bestehen. Ein Gorilla käme nicht in Frage, dazu ist mein Büro zu klein, und außerdem habe ich Angst vor Gorillas, denn sie haben wulstige Augenbrauen und keinen Schnutenmund wie die Schimpansen. Ich könnte dem Kurt das Schreiben beibringen, und am Ende würde er vielleicht sogar kleine Geschichten erfinden, wer weiß. Und vor Lurchen und Schlangen, vor denen Schimpansen, sagt Brehm, „eine lächerliche Furcht" haben, müßte er sich bei mir auch nicht ängstigen. Die habe ich nicht im Büro.

Über eine Schimpansin namens Ai habe ich gelesen, man habe ihr in Japan in zwölfjährigem Intelligenztraining beigebracht, einzelne Buchstaben und Farben zu unterscheiden.

Einzelne Buchstaben! Einzelne Farben!
Da wird man fragen dürfen, ob mehr in der langen Zeit nicht möglich war. Die Antwort ist: Jene Schimpansin hat in all den Jahren an einem ganz anderen Projekt gearbeitet, an ihrer Befreiung aus dem Primatenzentrum der Universität Kyoto nämlich. Ich las, sie habe den Schlüssel ihres Käfigs entwendet, denselben mit dem Ruf „Etwas Besseres als ein Primatenzentrum finden wir überall!" auf den Lippen geöffnet und sei mit ihrem Gefährten Akira und dem Orang-Utan Du-Du in den Bergen verschwunden.
Was aber wollte sie dort? Einen Staat gründen? Menschenversuche machen? Eine ökologische Marktwirtschaft praktizieren? Japanische Fotoapparate nachbauen? Den Orang-Utan in der Unterscheidung einzelner Buchstaben und Farben unterrichten?
Ach, ich weiß immer noch so wenig über die Schimpansen. Über ihr Denken. Ihr Wollen. Ihr Fühlen. Hätte ich einen Schimpansen im Büro, wäre das anders. Ich wäre Tag für Tag mit ihm zusammen und würde ihn in- und auswendig kennen. Alles wäre anders als jetzt, da die Affen in anonymen Primatenzentren geschult werden und, kaum hat man ihnen das Nötigste beigebracht, nichts anderes denken als: Flucht!
Weglaufen? Wer sollte vor mir weglaufen? Vor mir, der

ich Schimpansen liebe wie mein eigen Fleisch und Blut! Süße, liebe, lustige Schimpansen, die aus Becherlein trinken und mit einer Serviette um den Hals essen können!
Es stimmt, einmal habe ich auch geträumt, Kurt habe in die Berge abhauen wollen – „affengeile Berge", sagte er immer. Er kam aber gleich wieder und sagte, er habe nicht einmal die S-Bahn zum Starnberger See nehmen können, weil er das Tarifsystem des Münchner Verkehrsverbundes nicht kapiert habe. Das konnte ich ihm auch nicht erklären, und so ist er geblieben.

Axel Hacke

Wie man aus Barmherzigkeit rasiert wird

In eine Barbierstube kommt ein armer Mann mit einem starken, schwarzen Bart, und statt eines Stücklein Brotes bittet er, der Meister soll so gut sein und ihm den Bart abnehmen um Gottes willen, dass er doch auch wieder aussehe wie ein Christ.

Der Meister nimmt das schlechteste Messer, wo er hat, denn er dachte: Was soll ich ein gutes daran stumpf hacken für nichts und wieder nichts? Während er an dem armen Teufel hackt und schabt, und er darf nichts sagen, weil's ihm der Schinder umsonst tut, heult der Hund auf dem Hof.

Der Meister sagt: „Was fehlt dem Mopper, dass er so winselt und heult?" Der Christoph sagt: „Ich weiß nicht." Der Hans Frieder sagt: „Ich weiß auch nicht." Der arme Teufel unter dem Messer aber sagt: „Er wird vermutlich auch um Gottes willen balbiert wie ich."

Johann Peter Hebel

Der Rangstreit der Tiere
in vier Fabeln

(1)

Es entstand ein hitziger Rangstreit unter den Tieren. Ihn zu schlichten, sprach das Pferd, lasset uns den Menschen zu Rate ziehen; er ist keiner von den streitenden Teilen und kann desto unparteiischer sein.
Aber hat er auch den Verstand dazu, ließ sich ein Maulwurf hören. Er braucht wirklich den allerfeinsten, unsere oft tief versteckten Vollkommenheiten zu erkennen.
Das war sehr weislich erinnert, sprach der Hamster.
Jawohl, rief auch der Igel. Ich glaube es nimmermehr, dass der Mensch Scharfsichtigkeit genug besitzet.
Schweigt ihr, befahl das Pferd. Wir wissen es schon: Wer sich auf die Güte seiner Sache am wenigsten zu verlassen hat, ist immer am fertigsten, die Einsicht seines Richters in Zweifel zu ziehen.

(2)

Der Mensch ward Richter. – Noch ein Wort, rief ihm der majestätische Löwe zu, bevor du den Ausspruch

tust! Nach welcher Regel, Mensch, willst du unsern Wert bestimmen?
Nach welcher Regel? Nach dem Grade, ohne Zweifel, antwortete der Mensch, in welchem ihr mir mehr oder weniger nützlich seid. –
Vortrefflich, versetzte der beleidigte Löwe. Wie weit würde ich alsdenn unter dem Esel zu stehen kommen! Du kannst unser Richter nicht sein, Mensch! Verlass die Versammlung!

(3)

Der Mensch entfernte sich. – Nun, sprach der höhnische Maulwurf – (und ihm stimmte der Hamster und der Igel wieder bei) –, siehst du, Pferd, der Löwe meint es auch, dass der Mensch unser Richter nicht sein kann. Der Löwe denkt wie wir.
Aber aus bessern Gründen als ihr, sagte der Löwe, und warf ihnen einen verächtlichen Blick zu.

(4)

Der Löwe fuhr weiter fort: Der Rangstreit, wenn ich es recht überlege, ist ein nichtswürdiger Streit! Haltet mich für den Vornehmsten oder für den Geringsten; es

gilt mir gleich viel. Genug, ich kenne mich! – Und so ging er aus der Versammlung.
Ihm folgte der weise Elefant, der kühne Tiger, der ernsthafte Bär, der kluge Fuchs, das edle Pferd; kurz, alle, die ihren Wert fühlten oder zu fühlen glaubten.

Die sich am letzten wegbegaben und über die zerrissene Versammlung am meisten murreten, waren – der Affe und der Esel.

Gotthold Ephraim Lessing

Fink und Frosch

Im Apfelbaume pfeift der Fink
Sein: pinkepink!
Ein Laubfrosch klettert mühsam nach
Bis auf des Baumes Blätterdach
Und bläht sich auf und quakt: „Ja ja!
Herr Nachbar, ick bin och noch da!“

Und wie der Vogel frisch und süß
Sein Frühlingslied erklingen ließ,
Gleich muss der Frosch in rauen Tönen
Den Schusterbaß dazwischen dröhnen.

„Juchheija heija !“, spricht der Fink.
„Fort flieg ich flink!“
Und schwingt sich in die Lüfte hoch.

„Wat!“, ruft der Frosch. „Dat kann ick och!“
Macht einen ungeschickten Satz,
Fällt auf den harten Gartenplatz,
Ist platt, wie man die Kuchen backt,
Und hat für ewig ausgequackt.

Wenn einer, der mit Mühe kaum
Geklettert ist auf einen Baum,
Schon meint, dass er ein Vogel wär,
So irrt sich der.

Wilhelm Busch

Die Ameisen

In Hamburg lebten zwei Ameisen,
die wollten nach Australien reisen.
Bei Altona auf der Chausee,
da taten ihnen die Beine weh,
und da verzichteten sie weise
dann auf den letzten Teil der Reise.

Joachim Ringelnatz

Dankbarkeit

In der Seeschlacht von Trafalgar, während die Kugeln sausten und die Mastbäume krachten, fand ein Matrose noch Zeit zu kratzen, wo es ihn biss, nämlich auf dem Kopf. Auf einmal streifte er mit zusammengelegtem Daumen und Zeigefinger bedächtig an einem Haare herab und ließ ein armes Tierlein, das er zum Gefangenen gemacht hatte, auf den Boden fallen. Aber indem er sich niederbückte, um ihm den Garaus zu machen, flog eine feindliche Kanonenkugel ihm über den Rücken weg, paff, in das benachbarte Schiff.

Da ergriff den Matrosen ein dankbares Gefühl, und überzeugt, dass er von dieser Kugel wäre zerschmettet worden, wenn er sich nicht nach dem Tierlein gebückt hätte, hob er es schonend von dem Boden auf und setzte es wieder auf den Kopf. „Weil du mir das Leben gerettet hast", sagte er, „aber lass dich nicht zum zweiten Mal attrappieren, denn ich kenne dich nimmer."

Johann Peter Hebel

Die Schnupftabaksdose

Es war eine Schnupftabaksdose,
Die hatte Friedrich der Große
Sich selbst geschnitzelt aus Nussbaumholz.
Und darauf war sie natürlich stolz.

Da kam ein Holzwurm gekrochen.
Der hatte Nussbaum gerochen.
Die Dose erzählte ihm lang und breit
Von Friedrich dem Großen und seiner Zeit.

Sie nannte den alten Fritz generös.
Da aber wurde der Holzwurm nervös
Und sagte, indem er zu bohren begann:
„Was geht mich Friedrich der Große an!"

Joachim Ringelnatz

Von Katzen

Vergangnen Maitag brachte meine Katze
Zur Welt sechs allerliebste kleine Kätzchen,
Maikätzchen, alle weiß mit schwarzen Schwänzchen.
Fürwahr, es war ein zierlich Wochenbettchen!
Die Köchin aber – Köchinnen sind grausam,
Und Menschlichkeit wächst nicht in einer Küche –,
Die wollte von den Sechsen fünf ertränken,
Fünf weiße, schwarzgeschwänzte Maienkätzchen
Ermorden wollte dies verruchte Weib.
Ich half ihr heim! – Der Himmel segne
Mir meine Menschlichkeit! Die lieben Kätzchen,
Sie wuchsen auf und schritten binnen Kurzem
Erhobnen Schwanzes über Hof und Herd;
Ja, wie die Köchin auch ingrimmig dreinsah,
Sie wuchsen auf, und nachts vor ihrem Fenster
Probierten sie die allerliebsten Stimmchen.
Ich aber, wie ich sie so wachsen sahe,
Ich pries mich selbst und meine Menschlichkeit. –
Ein Jahr ist um, und Katzen sind die Kätzchen,
Und Maitag ist's! – Wie soll ich es beschreiben.
Das Schauspiel, das sich jetzt vor mir entfaltet!
Mein ganzes Haus, vom Keller bis zum Giebel,

Ein jeder Winkel ist ein Wochenbettchen!
Hier liegt das eine, dort das andre Kätzchen,
In Schränken, Körben, unter Tisch und Treppen,
Die Alte gar – nein, es ist unaussprechlich,
Liegt in der Köchin jungfräulichem Bette!
Und jede, jede von den sieben Katzen
Hat sieben, denkt euch, sieben junge Kätzchen,
Maikätzchen, alle weiß, mit schwarzen Schwänzchen!
Die Köchin rast, ich kann der blinden Wut
Nicht Schranken setzen dieses Frauenzimmers;
Ersäufen will sie alle neunundvierzig!
Mir selber, ach, mir läuft der Kopf davon –
O Menschlichkeit, wie soll ich dich bewahren!
Was fang ich an mit sechsundfünfzig Katzen!

Theodor Storm

Der Floh

Im Departement du Gard – ganz richtig, da, wo Nîmes liegt und der Pont du Gard: im südlichen Frankreich –, da saß in einem Postbüro ein älteres Fräulein als Beamtin, die hatte eine böse Angewohnheit: Sie machte ein bisschen die Briefe auf und las sie. Das wusste alle Welt. Aber wie das so in Frankreich geht: Concierge, Telefon und Post, das sind geheiligte Institutionen, und daran kann man schon rühren, aber daran darf man nicht rühren, und so tut es denn auch keiner.

Das Fräulein also las die Briefe und bereitete mit ihren Indiskretionen den Leuten manchen Kummer.

Im Departement wohnte auf einem schönen Schlosse ein kluger Graf. Grafen sind manchmal klug, in Frankreich. Und dieser Graf tat eines Tages Folgendes: Er bestellte sich einen Gerichtsvollzieher auf das Schloss und schrieb in seiner Gegenwart an einen Freund:

Lieber Freund!
Da ich weiß, dass das Postfräulein Emilie Dupont dauernd unsre Brief öffnet und sie liest, weil sie vor lauter Neugier platzt, so sende ich Dir anliegend, um ihr einmal das Handwerk zu legen, einen lebendigen Floh.
Mit vielen schönen Grüßen.
Graf Koks.

Und diesen Brief verschloss er in Gegenwart des Gerichtsvollziehers. Er legte aber keinen Floh hinein. Als der Brief ankam, war einer drin.

Kurt Tucholsky

Der grüne Esel

Wie oft weiß nicht ein Narr
durch töricht Unternehmen
viel tausend Toren zu beschämen!
Neran, ein kluger Narr, färbt einen Esel grün,
am Leibe grün, rot an den Beinen,
fängt an, mit ihm die Gassen durchzuziehn;
er zieht, und Jung und Alt erscheinen.
„Welch Wunder!“, rief die ganze Stadt,
„ein Esel, zeisiggrün, der rote Füße hat!
Das muss die Chronik einst den Enkeln
noch erzählen,
was es zu unsrer Zeit für Wunderdinge gab!“
Die Gassen wimmelten von Millionen Seelen;
man hebt die Fenster aus, man deckt die Dächer ab;
denn alles will den grünen Esel sehn,
und alle konnten doch nicht mit dem Esel gehn.
Man lief die beiden ersten Tage
dem Esel mit Bewundrung nach.
Der Kranke selbst vergaß der Krankheit Plage,
wenn man vom grünen Esel sprach.

Die Kinder in den Schlaf zu bringen,
sang keine Wärterin mehr von dem schwarzen Schaf;
vom grünen Esel hört man singen,
und so gerät das Kind in Schlaf.
Drei Tage waren kaum vergangen:
so war es um den Wert des armen Tiers geschehn.
Das Volk bezeigte kein Verlangen,
den grünen Esel mehr zu sehn.
Und so bewundernswert er anfangs allen schien:
so dacht itzt kein Mensch mit einer Silb an ihn.
Ein Ding mag noch so närrisch sein,
es sei nur neu, so nimmt's den Toren ein:
Er sieht und er erstaunt. Kein Kluger darf ihm wehren.
Drauf kömmt die Zeit und denkt an ihre Pflicht;
denn sie versteht die Kunst, die Narren zu bekehren,
sie mögen wollen oder nicht.

Christian Fürchtegott Gellert

Die drei Spatzen

In einem leeren Haselstrauch
da sitzen drei Spatzen, Bauch an Bauch.

Der Erich rechts und links der Franz
und mitten drin der freche Hans.

Sie haben die Augen zu, ganz zu,
und obendrüber da schneit es, hu!

Sie rücken zusammen dicht an dicht.
So warm wie der Hans hats niemand nicht.

Sie hören alle drei ihrer Herzlein Gepoch.
Und wenn sie nicht weg sind, so sitzen sie noch.

Christian Morgenstern

Der Strauß

Das pfeilschnelle Renntier sah den Strauß und sprach: Das Laufen des Straußes ist so außerordentlich eben nicht; aber ohne Zweifel fliegt er desto besser. Ein andermal sahe der Adler den Strauß und sprach: Fliegen kann der Strauß nun wohl nicht; aber ich glaube, er muss gut laufen können.

Gotthold Ephraim Lessing

Literarisches Vergnügen

Bücher

Der deutsche Gelehrte
hält die Bücher zu lange offen,
und der Engländer
macht sie zu früh zu.
Beides hat indessen in der Welt
seinen Nutzen.

Georg Christoph Lichtenberg

Diese Damen, sie verstehen

Diese Damen, sie verstehen,
Wie man Dichter ehren muss:
Gaben mir ein Mittagessen,
Mir und meinem Genius.

Ach! Die Suppe war vortrefflich,
Und der Wein hat mich erquickt,
Das Geflügel, das war göttlich,
Und der Hase war gespickt.

Sprachen, glaub ich, von der Dichtkunst,
Und ich wurde endlich satt;
Und ich dankte für die Ehre,
Die man mir erwiesen hat.

Heinrich Heine

Restauration

Das süße Zeug ohne Saft und Kraft!
Es hat mir all mein Gedärm erschlafft.
Es roch, ich will des Henkers sein,
Wie lauter welke Rosen und Kamilleblümelein.
Mir ward ganz übel, mauserig, dumm,
Ich sah mich schnell nach was Tüchtigem um,
Lief in den Garten hinterm Haus,
Zog einen herzhaften Rettich aus,
Fraß ihn auch auf bis auf den Schwanz,
Da ward ich wieder frisch und genesen ganz.

Eduard Mörike

Verdauung

„Ich habe unendlich viele Bücher verschlungen", rühmte sich ein junger Grieche.
Worauf der Philosoph Aristippus ihm entgegnete: „Die Gesündesten sind nicht jene, die viel essen, sondern jene, die gut verdauen."

Schreiben

Leser zerfallen in drei Abteilungen:
In die Nichtschreibenden;
die Schreibenden;
die Nichtlesenden.
Die erste Kategorie schreibt aus Liebe keine Briefe an den Autor; sie stimmt zu, will ihn aber nicht behelligen. Die zweite Kategorie schreibt: ja oder nein. Die dritte liest den Autor mit einem Auge, und das Gelesene geht ihr zum andern Ohr wieder heraus.

Kurt Tucholsky

Bücher

Die Lyrikerin Else Lasker-Schüler stand gern im Mittelpunkt von Gesellschaften. In einer vornehmen Villa stand sie verdrossen und allein in der Bibliothek. Der Hausherr trat zu ihr und sagte: „Sie scheinen mir heute recht traurig zu sein, weswegen denn?" Er erhielt zur Antwort: „Wissen Sie, ich mag diese Bücher nicht. Sie drehen mir alle ostentativ den Rücken zu."

Vielschreiber

Gewiß, auch ich bin ein Vielschreiber. Aber wahrlich einer durch unwiderstehlichen Zwang. Wohl hat sich noch nie bei mir eine Schreibmaschine wegen Überbürdung zu beklagen gehabt. Aber es ist richtig, dass meine Hand den Bestellungen meines Kopfes nicht immer nachkommen kann. Wie beneide ich die Autoren, deren Kopf den Bedürfnissen ihrer Hand nicht nachkommt! Sie können sich wenigstens ausruhen.

Karl Kraus

Kein Buch ist so schlecht,
dass es nicht in irgendeiner Weise nutzen könnte.

Plinius der Jüngere

Bücher sind wie Weinflaschen:
Der Staub darauf spricht für Qualität.

Ernst Heimeran

Es ist schwierig,
in Kriminalromanen gute Jungs
längere Zeit am Leben zu erhalten.

Donna Leon

Zum Anlegen einer Privatbibliothek
sind zwei Dinge nötig:
ein großer Freundeskreis
und ein schlechtes Gedächtnis.

Georg Thomalla

Ein mit Büchern beladener Esel
ist weder ein Gelehrter noch ein weiser Mann.

Saadi von Schiras

Ich glaube nicht,
dass eine Barriere
zwischen hoher und niederer Kultur existiert.
Ich lese Proust, aber ebenso Klatschpresse.

Gianni Versace

Regentag

Benjamin Franklin war in Paris in Gesellschaft etlicher berühmter Männer.

„ Monsieur Franklin“, fragte ihn der Abbé Raynal, „welches Geschöpf auf Erden ist, Ihrer Ansicht nach, am meisten zu beklagen?“

„Ein Mensch, der nicht lesen kann und an einem Regentag sich selber überlassen ist“, erwiderte Franklin.

Aus Götz von Berlichingen

Du hast im Leben jede Zier,
Die Helden ehrt, errungen,
Doch ist der Taten höchste dir
Im Tode erst gelungen:
Du hast den größten Dichtergeist
Des deutschen Volks entzündet,
Und wo man Goethes Namen preist,
Wird deiner auch verkündet.

Friedrich Hebbel

Einst wurde Roda Roda von Freunden herausgefordert: Er könne ja vieles erreichen, aber eines nicht. Nie, niemals würde er den ersten Platz im Kürschner einnehmen. Das Jahr ging zu Ende, der neue Kürschner erschien, und am Anfang stand:
Aaba, siehe Roda Roda.
(Wobei besonders schön das fürsorgliche Doppel-A ist: damit auch ja nichts passieren kann.) Aaba Aaba aber steht auch heute noch an erster Stelle in „Kürschners Literaturkalender".

Kurt Tucholsky

Dem Buchhändler gefallen keine Bücher,
die bei ihm bleiben.

Jean Paul

Es ist eine dumme Angewohnheit,
von Schriftstellern eine Gebrauchsanweisung
für ihre Bücher zu verlangen.

Jurek Becker

Wenn man aus einem Roman
eine Kurzgeschichte machen könnte,
ist er überflüssig.

Ernest Hemingway

Bestseller sind eine wunderbare Einrichtung;
man kauft Bücher, braucht sie aber nicht zu lesen.

Danny Kaye

Es geht uns mit Büchern wie mit Menschen.
Wir machen zwar viele Bekanntschaften,
aber nur wenige erwählen wir zu unseren Freunden.

Ludwig Feuerbach

Ein großer Schriftsteller:
Ein Autor, aus dessen Anmerkungen
sich en passant Bücher machen lassen.

Georg Christoph Lichtenberg

Bücher sind wie Brillen,
durch welche die Welt betrachtet wird.

Ludwig Feuerbach

Für den Leser ist ein gutes Buch das billigste Hobby,
für den Schriftsteller das teuerste.

Gabriel Laub

Ganz zuletzt

O wär ich
der Kästner Erich!
Auch wär ich gern
Christian Morgenstern!
Und hätte ich nur *einen* Satz
vom Ringelnatz!
Doch nichts davon! – Zu aller Not
hab ich auch nichts von Busch und Roth!
Drum bleib ich, wenn es mir auch schwer ward,
nur der Heinz Erhardt …

Heinz Erhardt

Vorsätze

Ich will den Gänsekiel in die schwarze Flut tauchen. Ich will einen Roman schreiben. Schöne, wahre Menschen sollen auf den Höhen des Lebens wandeln, auf ihrem offenen Antlitz soll sich die Freiheit widerspiegeln …

Nein. Ich will ein lyrisches Gedicht schreiben. Meine Seele werde ich auf sammetgrünem Flanell betten, und meine Sorgen werden kreischend von dannen ziehen …

Nein. Ich will eine Ballade schreiben. Der Held soll auf blumiger Au mit den Riesen kämpfen, und wenn die Strahlen des Mondes auf seine schöne Prinzessin fallen, dann …

Ich will den Gänsekiel in die schwarze Flut tauchen. Ich werde meinem Onkel schreiben, dass ich Geld brauche.

Kurt Tucholsky

Im Anfang war das Rezensionsexemplar, und einer bekam es vom Verleger zugeschickt. Dann schrieb er eine Rezension. Dann schrieb er ein Buch, welches der Verleger annahm und als Rezensionsexemplar weitergab. Der nächste, der es bekam, tat desgleichen. So ist die moderne Literatur entstanden.

Karl Kraus

Es war die höchste Ehre, die mir je erwiesen wurde, als mir ein Leser verlegen gestand, er könne meine Sachen erst bei der zweiten Lesung verstehen. Er zögerte, es mir zu sagen, er wollte nicht recht mit meiner Sprache heraus. Das war ein Kenner und wusste es nicht. Das Lob meines Stils lässt mich gleichgültig, aber die Vorwürfe, die man gegen ihn erhebt, werden mich bald übermütig machen. Ich hatte wirklich lange genug gefürchtet, man würde schon bei der ersten Lektüre ein Vergnügen an meinen Schriften haben. Wie?

Karl Kraus

Nachspruch:

Wollte ein Sammler alle die Bücher zusammenstel-
len,
die über das Tragische geschrieben worden sind,
braucht er einen Häuserblock.
Für die Bücher über das Komische
genügt ein winziges Zimmer.

Erich Kästner

Der deutsche Buchhändler

Als vor einiger Zeit Ferdinand Avenarius versuchte, durch Einführung eines Dürerbund-Stempels Bücher erster und zweiter Klasse zu schaffen, wehrten sich die deutschen Buchhändler empört dagegen. Sie wollten nicht bevormundet sein. Sie wollten allein dem Käufer empfehlen und raten. Überhaupt seien sie es, denen die Kulturförderung obliege.

Sie liegt ihnen ob. Erfüllen sie ihre Obliegenheit? Nein. Es klafft der Zwiespalt, Geld verdienen zu müssen und Kultur fördern zu wollen. Das Geldverdienen erschweren sie sich – das ist ihre Sache; die Kultur auf dem Büchermarkt wird durchaus nicht gefördert – das ist unsre Sache.

Was liegt denn hier vor? Doch wohl ein Geschäft, eine kapitalistische Institution, ein Gewerbe. Das Buch ist Ware. Gegen diesen Satz sträuben sie sich alle noch immer. Das Buch ist Ware, und wer sie verkauft, muss warenkundig sein, so wie der Rayonchef der Strumpf-Abteilung des ganz unpersönlichen Warenhauses viel von Strümpfen wissen muss. Das Buch ist Ware: Ein Geisteswerk ist weder broschiert noch gebunden für sieben Mark zu haben. Aber eine gewisse mittelalterliche apothekerhafte Schwerfälligkeit hat bis jetzt zu verhindern vermocht, dass alle die Einrichtungen eines modernen Kaufmannsbetriebes die Arbeit der Buchhändler erleichtern; ihre Abrechnungen sind kompliziert, unerhört verwickelt, und nicht einmal die Prozentberechnung ist überall durchgeführt. Der Verleger liefert dem Sortiment sechs Exemplare gegen Bezahlung und ein siebentes umsonst; das nennt man: 7/6, und da daneben die Prozentrechnung herläuft, so kann man sich einen Begriff machen, wie schwierig Gewinne auszukalkulieren sind. Die Buchhändlerkonten sind eine Kabbala, die jährliche Abrechnung eine sakrale Feierlichkeit, die nur erfahrene und würdige Greise nach den Regeln des Ritus zu verrichten vermögen. Ganz große Betriebe haben sich von diesen alten Gebräuchen losgemacht und arbeiten nach vernünftigen, rein kaufmännischen Prinzipien, unterscheiden sich in der Buchführung durch nichts von ihrem Nachbargeschäft, das mit Gasstrümpfen oder Papierkörben handelt. Und so soll es sein. Das Buch ist eine Ware.

Das sind Interna, aber ihr bekommt sie genugsam zu fühlen. So wie hinter den Kulissen die rege Betriebsamkeit fehlt, die das neue Gute erfasst, wo sie es erwischen kann, so arbeitet vorn im Laden die Schläfrigkeit ungeschickter Sortimenter. Bevor ich fortfahre, möchte ich mich salvieren: Es geht nicht gegen die einzelnen Buchhändler, die ehrenhaft und in bestem Glauben handeln – es geht gegen einen gewissermaßen sektiererischen Zug, der nicht in ihrem, nicht in unserm Interesse liegen kann. Sie wehren sich mit Händen und Füßen: Sie sind doch stehen geblieben. Hört! Ich brauche einen Zylinderhut. Ich gehe also in das Hutgeschäft, äußere dem Verkäufer meinen Wunsch, und er legt mir Zylinderhüte vor. Nun wird er mir genau sagen können, wie sich dieser trägt und jener, welche Nachteile dieser hat und welche Vorteile der andre. Wenn er ein guter Verkäufer ist, wird er mir sogar einen kleinen Rat geben können, ob mich der hohe besser kleidet oder der niedrige. Den Preis wird er auch wissen, denn der steht ja im Hut vermerkt. Ich möchte mir eine Literaturgeschichte kaufen. Aber wehe mir Armem, der ich nun in die Buchhandlung gehe. Dort weiß man nur den Preis der zwei dicken Bücher, die man auf Lager hat und dreier andrer, die im Katalog verzeichnet stehen. Man weiß auch (aber das geht mich nichts an), wie alle fünf Werke rabattiert werden. Und man wird mir sogar freundlich den Namen des Verlegers und des

Verlagsortes mitteilen. Aus. Kein Wort über den Wert, über die innere Art des Buches. „Dieses Werk wird sehr viel gekauft." Allenfalls dies noch oder ein paar allgemeine Redensarten.

Sollen also die Sortimenter alle Bücher lesen, die sie verkaufen? Alle gewiß nicht; aber sie sollen die Waren- und Fachkenntnis haben, in der ihnen jetzt jeder einigermaßen gebildete Literat über ist. Und wenn sie nicht jeder Verkäufer haben kann, weil dazu die Gehälter zu niedrig sind, so soll sie wenigstens einer im Laden haben, und es ist nicht einzusehen, warum man nicht die Fächer unter die Verkäufer teilt und so, wie man heute schon einen Antiquar im Laden hat, auch einen Spezialisten für Belletristik, einen für Jura und einen für Kunst beschäftigt. Sie können das nicht bezahlen? Sie können es allerdings nicht, wenn das Sortimentergeschäft so wenig Gewinn abwirft wie jetzt. Und warum tut es das?

Eben wieder aus diesen Gründen: Wir werden nicht angelockt, durch nichts gereizt. Unser zweifellos vorhandenes Bedürfnis nach Büchern wird nicht ausgenutzt. Man hat uns in den letzten Jahren sinn-und wahllos mit Büchern vollgestopft und wird uns vielleicht die Freude an schönen Büchern einmal stark vermindern. Aber man hat sich nie die Mühe gegeben, der jedes Spezialgeschäft andrer Gewerbe sich sorgfältig unterzieht: uns individuell und auf Grund einer großen Fachkenntnis mit dem bekannt zu machen, was der so reiche deutsche Büchermarkt jedem von uns zu bieten hat. Die deutschen Buchhändler sträuben sich – vielleicht mit Recht – gegen eine öffentliche Ausgabe ihres „Buchhändler-Börsenblattes" (bei der man ja die Nettopreise fortlassen könnte). Es ist kein gutes Zeichen, dass wir alle neugierig nach diesem offiziellen Anzeiger greifen, wo wir ihn zu fassen bekommen: Er zeigt uns stets zehn bis zwanzig interessante Neuheiten an, von denen uns niemand unterrichtet hat. Die Auslagen unsrer Sortimenter werden viel zu wenig ausgewechselt und enthalten ohne jede höhere Auswahl gut rabattierte Prachtwerke, das Sensationsbuch und Langweiliges durcheinander. In den Spezial-Buchhandlungen ist es schon besser: Die Juristen und Mediziner wollen sehr gut bedient sein und verlangen von ihrem Buchhändler eine genaue Beherrschung seines engern Kreises, die wohl im Allgemeinen vorzufinden ist. Die andern legen aus, was ihnen in die Hand kommt. Von einer systematischen Propagierung irgendwelcher Bücher – guter oder schlechter – ist nichts zu merken. Man hat sich erst in letzter Zeit dazu aufgeschwungen, den Kauf-

zwang in Buchhandlungen durch Einrichtung kleiner Lesezimmer aufzuheben, aber auch hier ist der Besucher meist auf sich selbst angewiesen und irrt ratlos im Labyrinth der Bücher.
Die deutschen Buchhändler dürfen sich in keiner Weise beklagen, dass Tausende und Tausende von Büchern, von wertvollen Büchern, einfach untergehen, denn sie wissen fast alle noch nicht einmal, an welches Publikum sie sich damit zu wenden haben, wie sie auf dieses Publikum einwirken müssen, was dieses Publikum eigentlich will. Aber die Autoren können jammern. Gewiss: Es gehört ein Unmaß von Arbeit, es gehören sehr fein ausgebildete Registraturen und Kartotheken und es gehört, vor allem, eine ganz genaue literarische Fachkenntnis dazu, zwischen Buch und Käufer zu vermitteln. Aber schließlich verlangen wir auch von jedem Schlosser, dass er sein Gewerbe kennt. Dieser langweilige und wenig erträgliche Zustand ist so weit gediehen, dass man, zum Beispiel, in der Buchabteilung eines großen Berliner Warenhauses besser und sachgemäßer bedient wird als in mancher Sortimentsbuchhandlung.
Das darf nicht so weitergehen. Wenn die Buchhändler wirklich sich berechtigt glauben, gegen jede Bevormundung eines Dritten Protest einzulegen, dann müs-

sen sie selbst aus einem Winterschlaf erwachen, der sie schon lange gefangen hält und dem hoffentlich bald ein neuer Bücherfrühling folgen wird.

Kurt Tucholsky

Rechtschreibung

Nicht nur die moderne Rechtschreibreform bereitet viele Schwierigkeiten. Schon Johann Wolfgang von Goethe konnte sich mit der Rechtschreibung nicht recht befreunden und erklärte, er mache in jedem seiner Briefe Rechtschreibfehler und setze schon gar keine Komma. In das verlegene Schweigen der Zuhörer ergänzte er:
„Dabei beruhige ich mein Gewissen mit der Meinung des verehrten Wieland, der behauptet: Religion und Interpunktion sind Privatsache."

Beurteilen

Georg Christoph Lichtenberg (1742–1799), Physiker und satirischer Schriftsteller, redigierte den „Göttinger Taschenkalender" mit seiner Vielzahl von Kritiken neuerer Literatur. Er resümierte: „Unter die größten Entdeckungen, auf die der menschliche Verstand in unserer Zeit gefallen ist, gehört die Kunst, Bücher zu beurteilen, ohne sie zuvor zu lesen."

Gehen

Der berühmte Verleger Brockhaus schickte zu Weihnachten seinem Autor Arthur Schopenhauer eine Uhr. Der Philosoph bedankte sich und beschwerte sich gleichzeitig: „Die Uhr geht aber nicht." Brockhaus antwortete ihm: „Genau wie ihr letztes Buch. Es geht auch nicht."

Das Leben gleicht einem Buche.
Toren durchblättern es flüchtig; der Weise liest es mit Bedacht, weil er weiß, dass er es nur einmal lesen kann.

Jean Paul

Wenn gute Bücher die Welt verändern könnten, dann wäre das längst geschehen.

George Moore

Ein sicheres Zeichen von einem guten Buch ist,
wenn es einem immer besser gefällt,
je älter man wird.

Georg Christoph Lichtenberg

Ein Klassiker ist etwas, das jeder gelesen haben möchte, aber niemand lesen will.

Mark Twain

Der Roman gefällt den meisten Menschen besser als die Wirklichkeit, weil die Personen im Roman leichter durchschaubar sind.

William Lewis Hertslet

Ein Buch ist ein Druckwerk, aus dem Leser gewöhnlich etwas ganz anderes herauslesen, als der Autor hineingeschrieben hat.

Georg Christoph Lichtenberg

Je leichter ein Buch zu lesen ist, desto schwerer wurde es geschrieben.

Johannes Mario Simmel

Früher wurde Literatur verfilmt. Heute gibt es das Buch zum Fernsehfilm.

Heinrich Oberreuther

Wohnung

Voltaire (1694–1776), der französische Aufklärer, saß in der Bastille ein. Seine Tragödie „Ödipus" erschien dem Regenten so gut, dass er ihn begnadete.
Voltaire bedankte sich bei ihm, und der Regent sagte ihm: „Brav, brav, und ich werde für Euch sorgen." Der Dichter dankte für das Angebot, fügte aber hinzu. „Ich flehe Ew. Hoheit an, sich nicht weiter um meine Wohnung zu kümmern."

Nathan der Weise

Der Direktor eines kleinen Theaters brüstete sich vor G. E. Lessing, er werde an seinem Theater „Nathan der Weise" aufführen, und vor allem: Er selbst werde den Nathan spielen. Lächelnd entgegnete Lessing: „Und wer spielt den Weisen?"

Zensur

Freunde Goethes waren höchst verwundert, dass sich der Geheimrat und große Dichter für die durch die französische Besatzung eingeführte Zensur aussprach, die doch gegen den freiheitlichen Geist verstoße.
Goethe verteidigte sich: „Dies ist die einzige Möglichkeit, die Deutschen zu zwingen, geistreich zu schreiben."

Das Leben ist das schönste Märchen,
denn darin kommen wir selber vor.

Hans Christian Andersen

Wenn ich Diktator wäre,
würde ich das Ausleihen von Büchern
gesetzlich untersagen.

William Saroyan

Durchgefallen

Der irische Dichter Oscar Wilde (1854–1900) war mit einer gehörigen Portion Selbstbewusstsein ausgestattet.
Als man in seinem Klub nach der Premiere eines seiner Stücke fragte, ob die Aufführung ein Erfolg gewesen sei, antwortete er: „Das Stück war ein großer Erfolg, aber das Publikum ist durchgefallen.“

Zweite Auflage

Das Buch von Lamotte-Levayer war praktisch unverkäuflich.
Der Verleger beschwerte sich beim Autor und wurde getröstet: „Nur keine Angst, ich habe genug Beziehungen, um das Buch verbieten zu lassen.“
Nach dem Verbot war das Buch so gefragt, dass eine zweite Auflage gedruckt werden konnte.

Bücher

Ein Buch will seine Zeit, wie ein Kind.
Alle schnell in wenigen Wochen geschriebenen Bücher erregen bei mir ein gewisses Vorurteil gegen den Verfasser.
Eine honette Frau bringt ihr Kind auch nicht vor dem neunten Monat zur Welt.

Heinrich Heine

Zigarren

Ein Redakteur muss sich oft durch einen Wust von unverlangten Manuskripten quälen.
Mark Twain, als Redakteur der Zeitung „Arizona Kickers", sollte ein Manuskript schmackhaft gemacht werden, indem der Autor ein Kistchen Zigarren beifügte.
Mark Twain bedankte sich: „Ihre Zigarren sind hervorragend, das Manuskript leider nicht. Bitte schicken Sie nur noch Zigarren."

Würdigung

Zum 90. Geburtstag George Bernhard Shaws unterlief einer Schweizer Zeitung bei ihrer Würdigung ein kapitaler Fehler.
Der Artikel war überschrieben mit: „Bernhard Shaw – der große Irre."
Der irische Schriftsteller sandte der Zeitung ein Telegramm.
„Bin ganz Ihrer Meinung, aber mussten Sie dies ausgerechnet zu meinem 90. Geburtstag verkünden?"

Einbildung

Theodor Storm (1817–1888), Schriftsteller und Jurist in Husum, Autor des „Schimmelreiters", wurde nach der Bildung, die ein Dichter benötigt, gefragt.
Er antwortete, es gäbe drei Arten von Bildung: „Die gesuchteste ist die Ausbildung, die seltenste ist die Herzensbildung und die häufigste die Einbildung."

Mit bestem Dank

Der vor allem als Balladendichter bekannte Ludwig Uhland (1787–1862) war nicht gleich anerkannt.
Als ein ebenfalls noch junger Schriftsteller sich beschwerte, das Verseschreiben sei ein recht undankbares Geschäft, entgegnete er: „Das möchte ich nicht so sagen, denn meine Verse kommen immer wieder mit bestem Dank zurück."

Zwei für eins

Der Schriftsteller Gerhard Hauptmann gab gern Autogramme.
Als eine junge Dame gleich zwei wünschte, wunderte er sich und fragte sie: „Warum gleich zwei?"
„Ja, wissen Sie", antwortete die Schöne, „für zwei ‚Hauptmann' kann ich einen ‚Max Schmeling' bekommen."

Bücher kaufen

Der österreichische Schriftsteller Franz Kafka (1883–1924) hatte keinen Erfolg mit seinen Büchern. Bereits sein erstes Buch „Die Betrachtung" war alles andere als ein Bestseller.
Er monierte: „In der Buchhandlung haben sie dreizehn Bücher abgesetzt. Zwölf habe ich für meine Freunde gekauft. Jetzt möchte ich wissen, wer das dreizehnte kaufte."

Die Kritik

Alfred Kerr (1867–1948), der Schriftsteller und einflussreiche Theaterkritiker, hatte das Stück eines jungen Autors vernichtend beurteilt. Wutentbrannt beschwerte sich dieser bei ihm: „Wie können Sie mein Stück derart verreißen? Sie selbst können ja nicht einmal den einfachsten Einakter schreiben!"
Lächelnd entgegnete ihm Kerr: „Ich kann auch keine Eier legen, weiß aber trotzdem, ob ein Ei gut oder schlecht ist."

Kleiderordnung für sämtliche einwohnende Bücher unsers Landes

Wir etc. etc. etc. werden mit äußerstem Missfallen den Luxus innen, der in unsern Staaten um sich frisset. Bettler prunken schon in kouleurten humoristischen Habiten, aus einem teuern Gehäcke von allen Zeugen genäht, als wandelnde Farbenpyramiden wie Motten einher, indes ihr Stand ihnen zuruft, gleich Grazien und Würmern bloß den spartischen Schleier der allgemeinen Zucht um sich zu schlagen; wir wollen aber hoffen, dass es nur ausländische Bettler sind, welche freilich die spartische Nationalkleidung unseres Landes nichts angeht.

Allein bei den Büchern ist der Kleiderluxus ebenso klar als enorm. Geistliche, andächtige Werke, die sonst im bescheidnen Priester-Ornat und Trauermantel einherwandelten, kleiden sich wie Gecken nach englischem Schnitt und tragen Tressen und reden doch von Gott. – Juristen-Kinder gingen sonst wie die Schweine, nämlich in deren Leder, oder auch in Schafskleidern, oder ein hölzerner Skaphander war der Rock der Gerechtigkeit, und ihre vier Hufen waren mit Eisen beschlagen; jetzt springen sie uns als Halbfranzen, als Perlhüh-

ner entgegen, und wollen gleichwohl Leute en longue robe vorstellen. Es sind die alten Folianten gar nicht mehr, ob sie gleich ihre Sprache reden.
Die Ärzte gehen in Marmor anstatt wie sonst in Halbtrauer. – Die historischen, die philosophischen Werke tragen sich, wie sie wollen. – Andere sind im demineglígé broschiert. – Einige laufen türkisch oder im türkischen Papier. – Die sogenannten Monatsschriften haben zwar nichts an sich als die Haut, tätowieren sich aber diese bunt. – –Viele Romane kleiden sich so ausschweifend, z. B. in drap d'or, dass sie sich immer in Überröcke und Staub- und Pudermäntel stecken müssen.
Den ärgsten Unfug verführen aber die Neujahrs-Hausierer und Gratulanten, die Almanache. Diese zusammengebrachten Kinder schlagen ihren guten dürftigen Eltern, die selten etwas Ganzes anhaben, wenig nach, sondern schämen sich ihrer und treten in goldnen Gilets, in Seidenröcken oder als patres purpurati (in Maroquin) daher und schnalzen als Goldschleien durch die Finger. Diese Kreaturen sind ordentliche Schaltiere, sitzend immer in Rinden- und Wachthäuschen, Sänften, elastischen Korsetts oder kleinen Selbstrepositorien (Futteralen), woraus man sie erst kriegt und lockt, wenn man sie an ihrem bunten Schärpen- oder Ordensbande zupft.

Wir etc. etc. können nun nicht länger zusehen, dass das Gold und die Farbe, die sonst der Chrysograph und Rubrikator in die Bücher anbrachte, jetzt wie oft bei den Besitzern nur außen an ihnen klebe – dass gutes Leder, das so sehr zu Hosen, Trommeln und Schreibtafeln den Menschen dienen kann, von Büchern getragen werde – dass das beste, stärkste Papier statt nützlicher patriotischer Waren Bücher einfasse, die ja selber um jene Waren gehören – und dass dieses gottlose Wesen so steige wie in London. – Sondern es soll jetzt von Uns verordnet werden, dass die sämtlichen Bücher-Schneidermeister, anstatt Tuchlieferanten zu sein, bei ihrer Heftnadel bleiben und nur Buchhefter, aber nicht Buchbinder sind, wie sie immer in den „Nachrichten an die Buchbinder" heißen. Die Nationalkleidung aller Werke soll natürlich und wie die der Zeitungen und vernünftigen Monatsschriften sein, nämlich entweder ein Schmutztitel vornen und das Ende und Bergleder (das Register) hinten, oder höchstens die beiden weißen Buchbinder- oder Hemd-Blätter.

Bloß diejenigen Werke, die an den Hof zur cour en robe gehen wollen, oder sogenannte Dedikationsexemplare sollen die gewöhnliche Budi-Toilette machen und in goldgestickten Anzügen und in feiner, weißer Wäsche erscheinen, worauf der Hofbuchbinder,

der grand maitre de garderobe der Bücher, vorzüglich zu sehen hat. Denn da das Widerspiel der Biber, wovon die einsamen ein schmutziges abgerissenes Fell, die geselligen aber ein feines nettes haben, sowohl von den Menschen als den Büchern gilt: so ist gerade ein Hof der Ort, wo sich das feine Kleid eines guten Buches am besten konserviert, zumal vom fürstlichen Wappen gedeckt, und wo niemand Hand an das schöne Gold seines Bauches legt etc. etc. etc. etc.

Jean Paul

Pleite

Ernest Hemingway ärgerte sich über einen Schriftsteller, der ihn fortwährend kopierte.
Seine Rache war schrecklich: „Ich habe dem Schuft das Handwerk gelegt und zwei Jahre lang nichts mehr geschrieben. Da war er pleite."

Fröhlicher machen

Es müsste Zeitungen geben,
die immer das mitteilen,
was nicht ist:
Keine Cholera!
Kein Krieg!
Keine Revolution!
Keine Missernte!
Die tägliche Freude
über die Abwesenheit großer Übel
würde zweifellos die Menschen
fröhlicher machen.

Christian Morgenstern

Die hohe Kunst des Vergnügens

Farben waren mir ein Glück,
und mir war es,
als ob sie meine Hände liebten.

Emil Nolde

Verkaufen

Der berühmte Maler Karl Spitzweg hatte einen Besucher in seinem Atelier, der aufmerksam von einem Bild zum anderen ging.
Vor einem Werk blieb er besonders lange stehen und sagte schließlich ganz ergriffen: „Ich kann mich nicht daran sattsehen, Meister." „Ich auch nicht", war die lakonische Antwort Spitzwegs, „und darum möchte ich es auch verkaufen, mein Herr."

Mein höchstes Ziel

Der französische Maler Pierre-Auguste Renoir unterhielt sich mit dem 20 Jahre jüngeren Bildhauer Aristide Maillol über Höhepunkte ihrer Kunst. Maillol schwärmte: „Mein höchstes Ziel ist es, eine junge Frau zwischen 16 und 20 Jahren modellieren zu können, wie ich es mir vorstelle." Renoir ist abgeklärter: „Mein Ziel war es, eine weiße Serviette malen zu können."

Ein Künstler ist der,
der seine Kunst nicht vor die Säue wirft,
außer gegen viel Geld.

Henry Meyer

Kunst hat sehr viel mit Rätsel zu tun.

Coretta Lux

Immer wenn ich ein Porträt male,
verliere ich einen Freund.

John Singer Sargent

Maler sind Überzeugungstäter,
die keinen sehnlicheren Wunsch haben,
gehängt zu werden.

Werner Finck

Kinderzeichnungen

Ein Handwerker hatte in der Wohnung des Malers und Plastikers Pablo Picasso (1881–1973), dessen vielseitiges Schaffen durch die Suche nach immer neuen Formen gekennzeichnet ist, etwas zu richten.
Erstaunt sah er sich in dessen Wohnung um und äußerte: „Ich wusste gar nicht, dass Ihr kleiner Sohn auch schon malt."

Der Radiergummi

Der Sohn des bekannten Grafikers und Bildhauers Johann Gottfried Schadow will auch zeichnen.
Ein Strich geht daneben. So bittet er den Vater um seinen Radiergummi. Dieser entgegnet seinem kleinen Wilhelm: „Ick hab keenen Jummi nich. Det is doch einfach; du machst keenen falschen Strich, denn brauchste ooch keenen Jummi nich!"

Schöne Stunden

Im Überschwang der Gefühle verabschiedete sich eine Besucherin nach einer Ausstellungseröffnung von Max Liebermann: „Herr Professor, das war die schönste Stunde meines Lebens!"
Liebermann lächelte: „Aber, junge Frau, das wollen wir nicht hoffen!"

Die Menschendarstellung

Der niederländische Maler Jan van Brueghel der Ältere malte nicht gern Volksszenen, lieber kleine Landschaften und Blumen. Daher wird er unter dem Spitznamen Blumenbrueghel geführt.
Ein Auftraggeber hatte bei ihm ein bestimmtes Motiv bestellt und erhielt ein Landschaftsbild mit Kirche.
Er beschwerte sich, weil er Menschen darauf vermisste. Brueghel erwiderte, die seien alle in der Kirche. Darauf der Kunde: „Ich werde das Bild abholen, sobald die Leute aus der Kirche gekommen sind."

Kunstkenner

Erhard Eppler, ehemaliger Bundesminister für wirtschaftliche Zusammenarbeit, hatte in seinem Arbeitszimmer einige Original-Aquarelle aufgehängt.
Einem „Kunstkenner“, der sie als „frühe Macke“ (deutscher Maler, 1887–1914) und entsprechend teuer einschätzte, erklärte Eppler lächelnd, teuer wären sie ihm freilich, aber nur deshalb, weil sie von seinen Kindern gemalt worden sind.

Porträt

Der bekannte Maler Max Liebermann porträtierte den ebenso bekannten Mediziner Professor Sauerbruch.
Der fing bald an zu murren, denn die Sitzungen wurden ihm zu viel. Liebermann verteidigte sich: „Wenn Sie 'nen Fehler machen, deckt ihn andertags der grüne Rasen zu. Ein Fehler von mir dagegen hängt hundert Jahre an der Wand.“

Der Salzhering

Der Reporter fragte den Berliner Maler und Karikaturisten Heinrich Zille nach seinem künstlerischen Ehrgeiz: „Der eine malt aus einem inneren Triebe, ein anderer dürstet nach Geld, ein dritter nach Ruhm. Wie ist das bei ihnen, verehrter Meister?
Zille besann sich nicht lange: „Natürlich dürstet mir ooch – aba jewöhnlich nach 'nem Salzhering."

Gefallen

Den Maler und Grafiker Paul Klee (1879–1940), den Wegbereiter der abstrakten Kunst, fragte man, wie sich Kunstfreund und Kunstsammler unterscheiden. Seine Antwort: „Der Kunstfreund zahlt gern ein paar Tausend Mark für ein Bild, wenn es ihm gefällt. Der Sammler aus Berechnung zahlt – weniger gern, aber doch – einige Hunderttausend, wenn ein Bild anderen gefällt."

Talent

Heinrich Zille, der beliebte Volksmaler in Berlin, brachte es zwar zu Ruhm, nicht aber zu Reichtum. Eine vornehme Dame riet ihm, große Ölgemälde zu fertigen, damit ließe sich viel mehr Geld verdienen. Zille wehrte ab: „Ich kritzle lieber.“ „Und mit was kritzeln Sie, mit Feder oder Bleistift?“, hakte die Dame nach. Zille darauf: „Mit Talent.“

Telefon

Als der französische Maler und Meister des Impressionismus Edgar Degas sich ein Telefon legen ließ, sagte sein alter Freund Forain, der ein Gegner dieser Erfindung war, verächtlich: „Stellt euch vor – jetzt ruft man ihn mit einer Glocke, und er läuft hin!“

Auch Schlafen ist eine Form der Kritik,
vor allem im Theater.

George Bernard Shaw

Auf die Theaterkritik ist Verlass.
Was überwiegend verrissen wird,
verspricht einen amüsanten Abend.

Oliver Hassencamp

Das Erstaunliche an modernen Kunstwerken ist,
dass die Künstler wissen,
wann sie damit fertig sind.

Fernandel

Wer sich mit der Kunst verheiratet,
bekommt die Kritik als Schwiegermutter.

Hildegard Knef

Philosophische Weisheiten

Wenn du im Recht bist,
kannst du dir leisten,
die Ruhe zu bewahren,
und wenn du im Unrecht bist,
kannst du dir nicht leisten,
sie zu verlieren.

Mahatma Gandhi

Überheblichkeit

Ein Philosoph von ernster Art,
der sprach und strich sich seinen Bart:
Ich lache nie. Ich lieb es nicht,
mein ehrenwertes Angesicht
durch Zähnefletschen zu entstellen
und närrisch wie ein Hund zu bellen;
ich lieb es nicht, durch ein Gemecker
zu zeigen, dass ich Witzentdecker;
ich brauche nicht durch Wertvergleichen
mit andern mich herauszustreichen,
um zu ermessen, was ich bin,
denn dieses weiß ich ohnehin.

Das Lachen will ich überlassen
den minder hochbegabten Klassen.

Ist einer ohne Selbstvertraun
in Gegenwart von schönen Fraun,
so dass sie ihn als faden Gecken
abfahren lassen oder necken,
und fühlt er drob geheimen Groll
und weiß nicht, was er sagen soll,

dann schwebt mit Recht auf seinen Zügen
ein unaussprechliches Vergnügen.

Und hat er Kursverlust erlitten,
ist er moralisch ausgeglitten,
so gibt es Leute, die doch immer
noch dümmer sind als er und schlimmer,
und hat er etwa krumme Beine,
so gibt's noch krümmere als seine.
Er tröstet sich und lacht darüber
und denkt: Da bin ich mir doch lieber.

Den Teufel lass ich aus dem Spiele.
Auch sonst noch lachen ihrer viele,
besonders jene ewig Heitern,
die unbewusst den Mund erweitern,
die, sozusagen, auserkoren
zum Lachen bis an beide Ohren.
Sie freuen sich mit Weib und Kind
schon bloß, weil sie vorhanden sind.

Ich dahingegen, der ich sitze
auf der Betrachtung höchster Spitze,
weit über allem Was und Wie,
ich bin für mich und lache nie.

Wilhelm Busch

Das brotlose Studium

Der italienische Dichter Torquato Tasso sollte nach dem Willen seines Vaters Jura studieren, um als Jurist ein gutes Einkommen zu haben, er studierte aber Philosophie.
Der Vater beschimpfte den stellungs- und einkommenslosen jungen Mann: „Was hat dir deine Philosophie nun eingebracht?“ Tasso verteidigte sich: „Sie lehrte mich, ungerechte Vorwürfe geduldig zu ertragen.“

Der Esel

Der jüdische Philosoph Mosees Mendelssohn war zu einem Essen bei Friedrich II. von Preußen geladen, mit dem ihn eine lebenslange Freundschaft verband. Friedrich, der ein Freund von Späßen war, bat Mendelssohn, seine Tischkarte vorzulesen, auf der er notiert hatte: „Moses Mendelssohn ist ein Esel.“ Der Philosoph gehorchte und las: „Moses Mendelssohn ist ein Esel – Friedrich der zweite.“

Drei Dinge

An die Einschätzungskriterien, die Aristoteles (384 bis 322 v. Chr.) für ein Buch nannte, sollten sich auch heutige Schriftsteller gebunden fühlen: „Drei Dinge sind zu beachten: Ob der Verfasser alles gesagt hat, was er sagen musste, ob er nur das gesagt hat, was er sagen musste, und ob er es schließlich so gesagt hat, wie er es sagen musste.“

Das Training

Diogenes von Sinope (gest. 324 v. Chr.) war aus Überzeugung ein Bettler. Regelmäßig ging er zu seinem Platz, auf dem viele Statuen standen, und sprach die steinernen Figuren um Geld an. Leute, die dieses Tun seltsam fanden, fragten Diogenes, was es bezwecken solle. Der Philosoph antwortete: „Ich trainiere. Ich will mich daran gewöhnen, nicht empfindlich zu reagieren, wenn Menschen mir nichts geben.“

Theologisches Vergnügen

Wenn Gott keinen Spaß verstünde,
so möchte ich nicht im Himmel sein.

Martin Luther

Gebet um Humor

Schenke mit eine gute Verdauung, Herr,
und auch etwas zum Verdauen.

Schenke mir Gesundheit des Leibes,
mit dem nötigen Sinn dafür,
ihn möglichst gut zu erhalten.

Schenke mir eine heilige Seele, Herr,
die das im Auge behält, was gut ist und rein,
damit sie im Anblick der Sünde nicht erschrecke,
sondern das Mittel finde,
die Dinge wieder in Ordnung zu bringen.

Schenke mir eine Seele,
der die Langeweile fremd ist,
die kein Murren kennt
und kein Seufzen und Klagen,
und lass nicht zu, dass ich mir allzu viel Sorgen mache
um dieses sich breit machende Etwas,
das sich „Ich“ nennt.

Herr, schenke mir Sinn für Humor.
Gib mir die Gnade, einen Scherz zu verstehen,
damit ich ein wenig Glück kenne im Leben –
und anderen davon mitteile. Amen.

Thomas Morus

Viel Lärm um Nichts

Der berühmte evangelische Theologe Wolfgang Trillhaas weilte bei seinem Kollegen Rudolf Bultmann in Marburg. Trillhaas wollte noch ausgehen, Bultmann brauchte aber Ruhe und gab seinem Kollegen den Schlüssel.

Später kehrte Trillhaas heiter in das Haus zurück, schloss auf und wollte Licht machen. Dabei erwischte er aber den Klingelknopf. Bultmann steckte den Kopf zur Türe raus und meinte: „Ja, so sind wir Theologen, wir wollen Licht machen und verursachen nur Lärm."

Autowäsche

Ein amerikanischer Pastor sagte, als es zum Beginn seiner Predigt draußen plötzlich in Strömen zu regnen beginnt: „Seht, so gut ist der Herr! Während wir hier sitzen und uns erbauen, wäscht er draußen unsere Autos."

Ruhetag

Im Jahre 1533 mussten die Franziskaner auf Grund der Reformation ihr Kloster in Weimar verlassen. Zuvor zogen sie zum Grab des Herzogs Wilhelm III. und baten ihn um Fürsprache.
Pater Guardian nahm seinen Stab und schlug damit auf die Grabplatte des Fürsten. Der für die Ausweisung zuständige Bürgermeister wurde ungeduldig: „Heute ist der Herzog nicht zu sprechen, vielleicht morgen wieder."

Ich will dir die rechte Weise, Theologie zu studieren, zeigen. Denn ich habe mich darin geübt. Wenn du die auch einhältst, sollst du ebenso gelehrt werden, sodass du selbst – wenn es nötig wäre – ebenso gute Bücher machen könntest wie die Väter und Konzilien. […] Und das ist die Weise, die der heilige König David […] lehrt im 119. Psalm. Darin wirst du drei Regeln finden, die durch den ganzen Psalm hindurch ausführlich dargestellt werden. Und die heißen so: oratio, meditatio, tentatio – Gebet, Meditation, Anfechtung.

Zum Ersten sollst du wissen, dass die Heilige Schrift ein solches Buch ist, das die Weisheit aller anderen Bücher zur Narrheit macht, weil keines vom ewigen Leben lehrt als dieses allein. Darum sollst du an deinem Sinn und Verstand stracks verzagen. […]

Zweitens sollst du meditieren, das heißt, nicht allein im Herzen, sondern auch äußerlich sollst du die mündliche Rede und das buchstäbliche Wort im Buch immer treiben und reiben. Lesen und wieder lesen mit fleißigem Aufmerken und Nachdenken, was der Heilige Geist damit meint. Und hüte dich, dass du nicht überdrüssig wirst und denkst, du hättest es mit einem oder zwei Malen genug gelesen, gehört, gesagt, und würdest alles bis auf den Grund verstehen. Denn aus so einem

wird kein richtiger Theologe, solche sind wie unreifes Obst, das abfällt, ehe es halb reif wird.
Zum Dritten ist da tentatio, Anfechtung. Die ist der Prüfstein, die lehrt dich, nicht allein wissen und verstehen, sondern auch erfahren, wie richtig, wie wahrhaftig, wie süß, wie lieblich, wie mächtig, wie tröstlich Gottes Wort ist – Weisheit über alle Weisheit. [...]
Wenn du hierher gekommen bist, so hoffe getrost, dass du angefangen hast, ein rechter Theologe zu werden, der du nicht allein die jungen unvollkommenen Christen, sondern auch die zunehmenden und vollkommenen lehren könntest. Denn Christi Kirche hat allerlei Christen in sich, junge, alte, schwache, kranke, gesunde, starke, frisch, faule, einfältige, weise etc.
Fühlst du dich aber und lässt dich dünken, du habest es gewiss und schmeichelst dir mit deinen eigenen Büchlein, deinen Lehren oder Schreiben, als habest du es sehr köstlich gemacht und trefflich gepredigt, gefälltes dir auch sehr, dass man dich vor anderen lobt, willst du vielleicht auch gelobt sein, sonst würdest du trauern oder ablassen, bist du von dieser Art, mein Lieber, so greif dir an deine Ohren. Und greifst du richtig, dann wirst du ein schönes Paar großer, langer, haariger Eselsohren finden. So wende vollends die Kosten daran, und schmücke sie mit goldenen Schellen, damit, wo du

gehst, man dich hören könnte, mit Fingern auf dich zeigen und sagen kann: Seht, seht, da geht das feine Tier, das so köstliche Bücher schreiben und so trefflich predigen kann. Alsdann bist du selig und überselig im Himmelreich, ja, wo dem Teufel samt seinen Engeln das höllische Feuer bereitet ist. Summa, lasst uns Ehre suchen und hochmütig sein, wo wir können, in diesem Buch gehört Gott allein die Ehre.

Martin Luther

Was dann?

Es ritt ein Bischof übers Feld mit einem Zug von vierzig Pferden. Da ließ ein Bauer den Pflug stehen, sperrte das Maul auf, stemmte die Hände in die Seiten und betrachtete sich den Aufzug. Der Bischof sah es, ritt auf ihn zu und sprach: „Lieber, was denkst du, dass du uns also anschaust?“

„Herr“, antwortete der Bauer, „ich habe gedacht, ob Sankt Martinus, der auch ein Bischof war, wohl auch mit einem solchen Zug von Reisigen einhergeritten ist.“

Da wurde der Bischof rot im Gesicht und sprach: „Ich bin nicht allein ein Bischof, ich bin auch ein weltlicher Fürst. Jetzt siehst du den Fürsten, willst du den Bischof sehen, so komm auf Unserer-Lieben-Frauen-Tag in die Stadt, dann werde ich das Hochamt halten.“

Da fing der Bauer zu lachen an, dass ihm fast ein Äderlein sprang. Der Bischof wollte wissen, warum er lache. „Gott sei davor“, sprach der Bauer, „aber ich muß lachen, wenn ich daran denke: Wenn der Teufel den Fürsten holt, wo bleibt dann der Bischof?“ Da ritt der Bischof hinweg, er hatte genug.

Es ist gut, dass heute die Bischöfe keine weltlichen Fürsten mehr sind.

Johannes Geiler von Kaysersberg

Die Gaben

Es war ein Pastor, wer weiß wo,
der predigte nur leeres Stroh,
und manche Klage war gescheh'n.-
Ihn selbst zu hören und zu seh'n,
beschloss der Superintendent.
Und als die Predigt war zu End',
da musste er bedauernd sagen:
„Die Leute haben recht, zu klagen.
Wie bring ich ihm das glimpflich bei,
dass ihm das nicht zu schimpflich sei?"
Und darum fing der gute Mann
ganz heimlich und verloren an:

„Ich hörte Sie und war ganz Ohr.
Doch, wie bereiten Sie sich vor,
mein lieber Bruder, möchte ich wissen?"
Und jener darauf: „Das kann ich missen!
So mancher druckst und sinnt und schreibt -
ich rede, wie der Geist mich treibt!"

„Ei, ei, was sind mir das für Sachen!
So könnt' ich das fürwahr nicht machen!",
sprach nun der Superintendent,
„das wäre nicht mein Element.
Am Donnerstag schon fang ich an
und überlege mir den Plan.
Am Freitag wird er dann entfaltet
und durchgeführt und ausgestaltet.
Dann schreib ich alles sorglich auf
und lern es in des Samstags Lauf
und bin dann sicher meiner Sachen –
so, denk ich, müsst es jeder machen!"
Der Pastor aber schmunzelt sehr,
als ob ihm sehr geschmeichelt wär.
„Ja, ja, das glaub ich. Sicherlich
kann das nicht jedermann wie ich –
das muss der Mensch so in sich haben,
mein lieber Bruder – das sind Gaben!"

Heinrich Seidel

Zum Neujahr

Kommt, o kommt herbeigezogen,
Ihr verehrten Theologen,
Die ihr längst die ew'ge Sonne
Treu verspundet in der Tonne;
Überschüttet mich mit Klarheit! –
Doch vor allem hoff ich Wahrheit
Von dem hohen Philosophen,
Denn nur er, beim warmen Ofen,
Als der Pfiffigste von allen,
Fängt das Licht in Mäusefallen. –

Wilhelm Busch

Eine lange Predigt, selbst vom besten Prediger, kann uns langweilig werden. Aber nie überessen wir uns an klugen Sprichwörtern, die uns loyal beraten, die uns von Nutzen sind und die uns zum ernsten Nachdenken zwingen.

Scholem Alejchem

Trost

Ein Kapuziner begleitet einen Schwaben bei sehr regnerischem Wetter zum Galgen. Der Verurteilte klagt unterwegs mehrmals zu Gott, dass er bei so schlechtem und unfreundlichem Wetter einen so sauren Gang tun müsse. Der Kapuziner wollte ihn christlich trösten und sagte: „Du Lump, was klagst du viel, du brauchst doch bloß hinzugehen, ich aber muss bei diesem Wetter wieder zurück, denselben Weg."
Wer es empfunden hat, wie öde einem, auch selbst an einem schönen Tage, der Rückweg vom Richtplatz wird, der wird den Ausspruch des Kapuziners nicht so dumm finden.

Heinrich von Kleist

Die Predigt

Ein Kollege fragt Martin Luther, den großen Reformator und begnadeten Prediger, wie er so wirksame Predigen zustande bekomme und welcher Hilfsmittel er sich bediene.
Luther erwiderte: „Lieber Bruder in Christo! Schlag' die Bibel auf, geh' frisch auf die Kanzel nauf', tu's Maul auf und hör' bald wieder auf."

Größter Theologe

Karl Barth, der große Schweizer Theologe, antwortete einmal auf die Frage nach dem größten Theologen des Jahrhunderts wie folgt:
„Wenn einmal herauskommen wird, wer der größte Theologe dieses Jahrhunderts gewesen ist, dann wird vielleicht irgend ein kleines Männlein oder Weiblein, das in aller Stille irgendwo Bibelstunden gehalten hat, im Lichte stehen und wird tatsächlich der größte Theologe dieses Jahrhunderts gewesen sein."

Sprechstunde bei Gott

Helmut Thielicke wollte seinen Hörern die Schwierigkeit, Kindern das Evangelium zu erschließen, demonstrieren. Er erzählte, ein Junge habe seiner Mutter vorgeworfen, sie habe ihm gesagt, der liebe Gott wohne im Himmel, im Religionsunterricht aber wurde gesagt, Gott lebe in der Kirche. Eins könne nur stimmen. Die Mutter, eine Arztfrau, erklärte dem jungen: „Der liebe Gott wohnt im Himmel, in der Kirche aber hat er seine Praxis."

Das Chamäleon

Die „New York Tribune" berichtete am 25.11.1856 von einer Reise des großen Forschers Alexander von Humboldt, er habe ein Chamäleon entdeckt und folgendermaßen beschrieben: „Das Tier kann gleichzeitig nach verschiedenen Richtungen sehen. Es blickt mit einem Auge zum Himmel, während das andere zur Erde sieht. Viele Kirchendiener tun das ebenso."

Konvertiert

Die Frau des amerikanischen Botschafters in Italien war zum katholischen Glauben konvertiert. Bei einem Besuch bei Papst Pius XII. wollte sie ihre neue Überzeugung präsentieren und lobte die katholische Kirche über den grünen Klee. Schließlich wurde die Lobrede dem Papst zu viel. Er bedankte sich höflich und sagte: „Wie Sie wissen, Mrs. Luce, bin ich ja bereits katholisch."

Rangfolge

Papst Johannes XXIII. besuchte in Rom das Krankenhaus „Zum Heiligen Geist", das von Nonnen geleitet wird. Die Oberin kam, wegen des hohen Besuchs aufgeregt, herbeigeeilt und stellte sich vor: „Heiliger Vater, ich bin die Oberin vom Heiligen Geist." „Haben Sie aber ein Glück – ich bin nur der Stellvertreter Christi", gab der Papst zurück.

Wegstreichen

Der Reformator Martin Luther (1483–1546) tat sich bei der Ausarbeitung einer Predigt schwer. Immer wieder strich er ganze Passagen. Seine Frau Katharina wollte ihn ermutigen: „Du sagst doch selbst immer, in der Predigt rede Gott zur Gemeinde. Warum streichst du dann die Hälfte?"

Unnütze Frage

Einst wurde Martin Luther von einem Schüler gefragt, was wohl Gott vor der Weltschöpfung die lange Ewigkeit hin gemacht habe. „Er saß", erklärte Luther wütend, „in einem Birkenwald und schnitt Ruten, um jene Leute zu bestrafen, die solch unnütze Fragen auf die Bahn bringen."

Esel und Pferd

Der Philosoph und evangelische Theologe Friedrich Schleiermacher ritt in Berlin gern durch den Tiergarten. Als ihn ein Beamter dabei verspottete, der Gottesmann reitet auf einem edlen Pferd, während Jesus auf einem Esel in Jerusalem einzog, entgegnete er: „Solch ein bescheidenes Auftreten ist heute nicht mehr möglich, denn alle Esel stehen im Staatsdienst.“

Unfehlbarkeit

Der schweizerische reformierte Theologe Karl Barth, geistiger Führer der „Bekennenden Kirche“, litt nicht an Minderwertigkeitskomplexen. Als ihm ein Freund sagte, Papst Paul VI. habe ihn den „größten lebenden Theologen“ genannt, meinte er lächelnd: „Das Dogma von der päpstlichen Unfehlbarkeit scheint doch einiges für sich zu haben.“

Die Predigt

Sechs Stücke gehören zu einem Prediger, wie ihn die Welt jetzt haben will:

1. dass er gelehrt sei;
2. dass er eine feine Aussprache habe;
3. dass er beredt sei;
4. dass er eine schöne Person sei, den die Mägdelein und Fräulein lieb können haben;
5. dass er kein Geld nehme, sondern Geld zugebe;
6. dass er rede, was man gerne hört.

Martin Luther

Immer der Reihe nach

Während eines diplomatischen Empfangs sprach Angelo Roncalli, der Nuntius in Frankreich und spätere Papst Johannes XXIII., mit dem Oberrabbiner von Paris. Beim Eintritt in den Speisesaal wollte ihm der Rabbiner den Vortritt lassen. Roncalli wehrte ab: „Oh nein, erst das Alte Testament, dann das Neue."

Die Zehn Gebote sind deshalb so kurz und verständlich, weil sie ohne Mitwirkung einer Expertenkommission entstanden sind.

Charles de Gaulle

Dass es eine Sünde ist, wenn man in einen Apfel reinbeißt, das kann ich nicht verstehen. Und auf der anderen Seite heißt es immer: Esst frisches Obst.

Karl Valentin

In der Jugend und im Alter,
der David und der Salomo,
das waren arge Sünder.
Sie trieben weidlich sich herum
und hatten viele Kinder.
Doch als sie nicht mehr konnten so
von wegen hohen Alters,
da schrieb die Sprüche Salomo,
und David seine Psalters.

Göbels deutsches Liederbuch

Ein fröhliches Herz macht das Gesicht heiter,
Kummer im Herzen bedrückt das Gemüt.

Sprüche 15,13

Wer nicht jeden Tag die Bibel und die Zeitung liest, weiß weder über die Welt Bescheid noch über das, was die Welt braucht.

Johannes Rau

Schlaf und Ruh

Es legte Adam sich im Paradiese schlafen;
da ward aus ihm das Weib geschaffen.
Du armer Vater Adam, du!
Dein erster Schlaf war deine letzte Ruh'.

Matthias Claudius

Kindergebetchen

Lieber Gott, ich liege
Im Bett. Ich weiß, ich wiege
Seit gestern fünfunddreißig Pfund.
Halte Pa und Ma gesund.
Ich bin ein armes Zwiebelchen,
Nimm mir das nicht übelchen.

Joachim Ringelnatz

O diese vorwitzige Eva

Am Hof eines sächsischen Herzogs lebte ein altes Ehepaar, das die grobe Bauernarbeit nicht mehr verrichten konnte. Der Mann hatte deswegen nichts anderes zu tun, als Holz zu spalten, und sein Weib musste mit den Scheiten die Öfen heizen. Das war ihre einzige Aufgabe. Aber auch diese bescheidenen Arbeiten waren ihnen beschwerlich, und die Frau sagte zu ihrem Mann: „Mein Gott, wie übel hat Eva daran getan, dass sie im Paradies ihren Gelüsten nachgegeben hat. Hätte sie sich mit den anderen Früchten begnügt, so wären wir heute nicht so beladen mit Mühe und Arbeit. O diese vorwitzige Eva!"

Der Herzog, dem diese Klage zu Ohren gekommen war, rief die alten Leute zu sich und sagte zu ihnen: „Ich will gnädig sein und euch die Arbeit ganz erlassen. Außerdem gebe ich euch noch sechs Speisen täglich. Aber ihr müsst euch mit fünf Gerichten begnügen, die sechste Schüssel dürft ihr niemals auch nur aufdecken. Bei meiner höchsten Ungnade!"

Eine gute Weile genossen die alten Leute das unverhoffte Wohlleben, aber schließlich bedrängte das Weib den Mann: „Ich möchte zu gern wissen, welche herr-

lichen Speisen in der verbotenen Schüssel sind. Komm, sei nicht dumm. Es sieht's ja niemand. So deck doch die Schüssel einmal auf." Der Tor ließ sich überreden, nahm den Deckel ab, und eine quicklebendige Maus sprang aus der Schüssel. Ein Edelknabe, der im Auftrag des Herzogs heimlich ein Auge auf die beiden hatte, sah dies und hinterbrachte alles seinem Herrn. Der Herzog ergrimmte: „Mein Gott, wie übel habt ihr daran getan, dass ihr euren Gelüsten nachgegeben habt: O diese vorwitzige Eva!"
Darauf wies er die alten Sünder unbarmherzig von seinem Hof.

Athanasius von Dillingen

Die Geschichte von Goliat und David

War einst ein Riese Goliat,
gar ein gefährlich Mann!
Er hatte Tressen auf dem Hut
mit einem Klunker dran,
und einen Rock von Drap d'argent
und alles so nach advenant.

Auf seinen Schnurrbart sah man nur
mit Gruseln und mit Graus,
und dabei sah er von Natur
pur wie der – aus.
Sein Säbel war, man glaubt es kaum,
so groß schier als ein Weberbaum.

Er hatte Knochen wie ein Gaul
und eine freche Stirn,
und ein entsetzlich großes Maul,
und nur ein kleines Hirn;
gab jedem einen Rippenstoß,
und flunkerte und prahlte groß.

So kam er alle Tage her
und sprach Israel Hohn.
„Wer ist der Mann? Wer wagt's mit mir?
Sei Vater oder Sohn,
er komme her, der Lumpenhund,
ich box'n nieder auf den Grund."

Da kam in seinem Schäferrock
ein Jüngling zart und fein;
er hatte nichts als seinen Stock,
als Schleuder und den Stein,
und sprach: „Du hast viel Stolz und Wehr,
ich komm' im Namen Gottes her."

Und damit schleudert' er auf ihn
und traf die Stirne gar;
da fiel der große Esel hin,
so lang und dick er war.
Und David haut' in guter Ruh,
ihm nun den Kopf noch ab dazu.

Trau nicht auf deinen Tressenhut,
noch auf den Klunker dran!
Ein großes Maul es auch nicht tut:
das lern' vom langen Mann;
und von dem Kleinen lerne wohl:
wie man mit Ehren fechten soll.

Matthias Claudius

Musikalische Weltsicht

Man darf nur die rechten Tasten
zur rechten Zeit treffen,
so spielt das Instrument von selber.

Johann Sebastian Bach

Die Musik spricht für sich allein. Vorausgesetzt, wir geben ihr eine Chance.

Yehudi Menuhin

Ein Autor ist cin Klassiker, sobald mehr als zehn Doktorarbeiten über ihn geschrieben sind.

Ulrich Erckenbrecht

Toscanini hat mir einmal gesagt:
Dirigiere nie mit Brille. Das Orchester muss deine bösen Augen sehen!

Claudio Abbado

Musi-Kuss

Oft hat mich die Musik erquickt
und von schwerer Last befreit.
Kartenspiel, Musik und Geselligkeit –
es sind Gottesgaben.

Martin Luther

Die Orgel

Der Thomaskantor in Leipzig, Johann Sebastian Bach (1685–1750), wurde für sein Orgelspiel überschwänglich gelobt.
Bald wurde es ihm zu viel und er sagte: „Da ist nichts zu bewundern dabei. Man muss nur im richtigen Moment die richtigen Tasten drücken. Alles andere tut die Orgel selbst."

Singen

Der Filmschauspieler und Komiker Charlie Chaplin (1889–1977) war gern auf Gesellschaften gesehen. Einmal unterhielt er die Runde, indem er verschiedene Größen nachahmte. Dabei sang er auch eine Opernarie.

Die Bekannten staunten über seine Sangeskunst.

Chaplin dagegen sagte: „Ich kann nicht singen, ich habe nur Caruso nachgeahmt."

Schöne Musik

Der große Komponist Georg Friedrich Händel (1685–1759) konnte sich erst langsam mit seiner Kunst durchsetzen.

In seiner Londoner Anfangszeit musste er oft vor ziemlich leeren Häusern spielen.

Er tröstete sich und die wenigen Anhänger: „Je leerer das Haus ist, desto schöner klingt die Musik."

Gut und weise

Der große deutsche Dichter Friedrich Schiller spielte als junger Mann Harfe. Seinem Zimmernachbarn gefiel diese Musik gar nicht.
So bemerkte er ihm gegenüber: „Herr Schiller, Sie spielen wie David – nur nicht so gut.“
Schiller lächelte ihn an: „Sie sprechen wie Salomo, nur nicht so weise.“

Ein Original

Claire Waldoff (1884–1957), Vortragskünstlerin und Volkssängerin, bekannt vor allem durch ihre Auftritte in Berliner Kabaretts, wollte Gesangsunterricht nehmen. Vater Zille aber redete es ihr aus: „Du musst bleiben wie du bist, denn du bist, was es nur selten gibt – ein Original!“

Spaziergang

Goethe und Beethoven gingen gemeinsam in Karlsbad spazieren. Überall aber, wo sie gingen, wichen ihnen ehrerbietig die Spaziergänger aus und grüßten. Goethe, über diese Störung verstimmt, sagte: „Es ist verdrießlich, ich kann mich der Komplimente hier gar nicht erwehren." Beethoven erwiderte ruhig lächelnd: „Machen Sie sich nichts daraus, die Komplimente gelten vielleicht mir!"

Der Oboist

Der Weimarer Hofkapellmeister und bekannte Komponist Franz Liszt dirigierte eines seiner Werke im Theater von Altenburg. Schon zweimal hatte er den Oboe-Bläser vergeblich ermahnt, etwas leiser zu spielen.

Schließlich fauchte er ihn an: „Mann, können Sie denn nicht piano blasen?" Der entgegnete: „Wenn ich das könnte, wäre ich nicht Oboist in Altenburg."

Grenzen des Ruhms

Auf einer Reise durch Amerika blieb das Auto des berühmten Sängers Enrico Caruso mit einer Panne liegen. Während der Chauffeur sich bemühte, den Fehler zu finden, spazierte der Sänger zum nächsten Gehöft und versuchte, mit dem Farmer ins Gespräch zu kommen. Doch erst als er seinen Namen nannte, wurde der Farmer lebendig: „Was! Sie sind wirklich Caruso? Frau, Kinder, kommt schnell her! Wisst ihr, wer uns besucht? Caruso! Der berühmte Robinson Caruso!"

Unterschrift

Der Bruder des berühmten Komponisten Ludwig van Beethoven hatte sich ein kleines Gut zugelegt und schrieb nun stolz unter den Brief an seinen Bruder: „Johann van Beethoven, Gutsbesitzer." Beethoven konterte in seinem Antwortbrief mit der Unterschrift: „Ludwig van Beethoven, Hirnbesitzer."

Quellenverzeichnis

Heinrich Böll, Anekdote zur Senkung der Arbeitsmoral. Erschienen in: Werke. Bd. 12. 1959–1963. Hrsg. von Robert C. Conrad. © 1967, 1994, 2008 by Verlag Kiepenheuer & Witsch, Köln.

Heinz Erhardt, Ganz zuletzt. Erschienen in: Das große Heinz Erhardt Buch © Lappan Verlag Oldenburg

Axel Hacke, Ein Affe für mich allein. Erschienen in: Nächte mit Bosch © Verlag Antje Kunstmann GmbH, München 2006

Erich Kästner, An die Gratulanten. Erschienen in: Gesammelte Schriften © Atrium Verlag Zürich, 1969 und Thomas Kästner

Erich Kästner, Nachspruch © Atrium Verlag Zürich und Thomas Kästner

Ephraim Kishon, Auf Ölsuche. Erschienen in: Mein Freund Jossele. © 1977 by LangenMüller in der F.A. Herbig Verlagsbuchhandlung GmbH, München

Ephraim Kishon, Ein abstrakter Strafzettel. Erschienen in: Kishons beste Autofahrergeschichten. © 1985 by LangenMüller in der F.A. Herbig Verlagsbuchhandlung GmbH, München

Ephraim Kishon, Spaghetti alla monumentale. Erschienen in: Kishons beste Reisegeschichten. © 1981 by LangenMüller in der F.A. Herbig Verlagsbuchhandlung GmbH, München

Bernd-Lutz Lange, Ein Getränk. Geduld. Erschienen in: Dämmerschoppen. Geschichten von drinnen und draußen. © Aufbau-Verlag GmbH & Co. KG, Berlin 1997 (Die Originalausgabe erschien 1997 im Gustav Kiepenheuer Verlag; Gustav Kiepenheuer ist eine Marke der Aufbau Verlag GmbH & Co. KG)

Eugen Roth, Die guten Vierziger, Diät und Der Urlaub. © Dr. Thomas Roth, München

Karl Valentin, Semmelnknödeln. Erschienen in: Gesammelte Werke © 1985 Piper Verlag GmbH, München

Wir danken allen Inhabern von Textrechten für die Abdruckerlaubnis. Der Verlag hat sich bemüht, alle Rechteinhaber in Erfahrung zu bringen. Für zusätzliche Hinweise sind wir dankbar.